NOUVEAU

MAGASIN

THÉATRAL.

CHOIX DE PIÈCES NOUVELLES

JOUÉES SUR LES THÉATRES DE PARIS

ET DE LA PROVINCE.

THÉATRE DU GYMNASE.

LA CHATELAINE DE MONTLHÉRI,

Comédie-vaudeville en deux actes.

A 8

PARIS,

RUE D'ENGHIEN, N° 10.

CH. TRESSE, SUCCESSEUR DE J.-N. BARBA, LIBRAIRE,

Au Palais-Royal, galerie de Chartres.

MARSEILLE,

Chez tous les libraires.

A. SENES, IMPRIMEUR-ÉDITEUR, RUE CANEBIÈRE, 13.

1845.

NOUVEAU

MAGASIN

THÉATRAL

CHOIX DE PIÈCES NOUVELLES

JOUÉES SUR LES THÉATRES DE PARIS

THÉATRE DU GYMNASE

LA CHATELAINE DE MONTLHERI,

Comédie-vaudeville en deux actes

PARIS,
RUE D'ENGHIEN, N° 10.
CH. TRESSE, SUCCESSEUR DE J.-N. BARBA, LIBRAIRE,
Au Palais-Royal, galerie de Chartres.

MARSEILLE,
Chez tous les libraires.
ANGERS, IMPRIMERIE [illegible]

184[illegible]

LA CHATELAINE DE MONTLHÉRI,

COMÉDIE-VAUDEVILLE EN DEUX ACTES,

Par MM. Félicien de Baroncelli et Frédéric Dorsy.

Représenté pour la première fois sur le théâtre du Gymnase le 15 février 1845.

PERSONNAGES.	ACTEURS.	PERSONNAGES.	ACTEURS.
LE DUC DE GUISE.............	MM. GENIN.	LA MARQUISE DE SAINT-LEU...	Mme PERRIER
LE VICOMTE DE CHEVREUSE....	DORSAY.	LOUISE DE NANGIS............	Mlle RIGAL.
LE CHEVALIER DE LANSAC.....	MARIUS.	LÉONA, suivante de la marquise.	Mlle LÉVY.
LE BAILLI de Montlhéri.........	BASSAN.	Dames, seigneurs, pages, valets etc.	

La scène se passe sous le règne de Louis XIII : au premier acte, à Montlhéri, dans le château de la marquise; au deuxième acte, à Paris, dans son hôtel de la place Royale.

ACTE PREMIER.

Un salon élégamment décoré ; meubles du temps de Louis XIII. Entrée au fond donnant sur une galerie; portes latérales. Sur le premier plan, à droite, une cheminée avec pendule, un sofa et une table couverte de livres. Des portraits de famille garnissent les lambris.

SCENE PREMIERE.

LA MARQUISE, *puis* LÉONA. *

(Au lever du rideau, la marquise est à demi couchée sur le sofa, tenant dans ses mains un livre qu'elle jette avec impatience.)

LA MARQUISE. Ce livre me fatigue et m'ennuie. (*Regardant la pendule*) Ah! mon Dieu ! déjà quatre heures, et le duc qui ne vient pas... il m'a cependant bien écrit pour m'annoncer son arrivée à Montlhéri. (*à Léona qui entre.*) Eh bien ?...

LÉONA. Aucun équipage ne paraît encore dans l'avenue.

LA MARQUISE. La journée d'aujourd'hui se passera donc encore comme celle d'hier, comme celle d'avant-hier ?... seule, toujours seule !

LÉONA. Ne suis-je pas là pour vous consoler dans votre disgrâce ?

LA MARQUISE. Oui, mais les heureux du siècle, eux, ils me délaissent, à présent !... Sais-tu bien, Léona, que, si cela continue, on ne tardera pas, en France, à désapprendre mon nom, car le règne d'une femme est bien près de finir là où l'oubli commence.

Air de la Mansarde.

L'oubli, lorsqu'elle n'est plus là,
Succède au respect, aux hommages
Que femme dut aux avantages
Qu'amour en elle rassembla,
L'amour qui, plus tard, l'immola ;
Les amants lui disaient sans cesse :
Jamais rien ne vous égala !
Des flatteurs j'avais cru cela...
Que reste-t-il de leur tendresse ?
L'oubli, car je ne suis plus là.
L'oubli vient quand on n'est plus là. (*bis*).

LÉONA. Il vous reste du moins un ami.

LA MARQUISE. Dis plutôt un geôlier.

LÉONA. Comment ! M de Chevreuse ?

LA MARQUISE. Autrefois je croyais pouvoir compter sur la sincérité de ses affections; mais, depuis, les circonstances en ont

* Les acteurs sont placés en tête de chaque scène comme ils doivent l'être sur le théâtre; le premier inscrit tient la gauche du spectateur.

fait mon ennemi de tous les instants. Ne vois-tu pas que ses attentions multipliées, que toutes ses prévenances qui déguisent mal le fond de sa pensée, ne sont autre chose que le résultat d'un plan arrêté entre la reine-mère et lui : Exilé de la cour pour avoir pris publiquement ma défense à la mort du roi, Chevreuse à la mission de me marier à quelque obscur gentilhomme de province, afin de m'ôter pour toujours l'envie de retourner à la cour; son pardon est à ce prix ; et voilà pourquoi il insiste tant pour que j'épouse M. de Lansac.

LÉONA. Le jeune seigneur qui vous écrit des lettres si passionnées?

LA MARQUISE. Et que je suis bien décidée à ne pas recevoir. *(allant au sofa.)* Mais, tiens, puisque maintenant je suis condamnée à ne plus vivre que de souvenirs, assieds-toi là près de moi, et en attendant l'arrivée du duc, (*elles s'asseyent toutes les deux sur le sofa.*) je te raconterai cette aventure romanesque qui m'est arrivée ici, il y a dix ans, et dont le souvenir m'a souvent arraché des larmes de regrets, alors que comblée d'honneurs et entourée d'hommages, je marchais presque l'égale d'une reine.

LÉONA. Que de fois je me suis prise à envier votre bonheur.

LA MARQUISE. Folle, tu ne sais donc pas ce que c'est que que l'amour d'un roi ? il est, parfois, bien tyrannique et bien cruel.

Air de Téniers.

Du souverain l'amour qui nous enchante
N'est point celui qui donne le bonheur,
Car, avant tout, le roi, dans son amante,
Voit sa sujette et la traite en vainqueur.
Oui, s'il lui dit que pour charmer sa vie
Comme son peuple il saura la chérir,
C'est que toujours, au gré de son envie,
Comme le peuple elle doit obéir. (*bis.*)

Mais laissons là ces pensers qui m'attristent et revenons à mes souvenirs d'autrefois.

LÉONA. Je vous écoute.

LA MARQUISE. Mon père, le conseiller Paulet, vivait encore; nous habitions ce même château de Montlhéri qui m'appartient aujourd'hui, lorsque le roi Henri de Navarre vint s'y établir sous prétexte d'y chasser le sanglier. Mon père, qui n'avait pas su deviner le fond de la pensée du Béarnais, lui fit une réception magnifique. Il y avait déjà plusieurs jours que le roi m'adressait des paroles qui me paraissaient étranges, sans qu'il me fût possible d'en pénétrer le véritable sens, lorsqu'un matin, tandis que je cherchais à dissiper ma mélancolie, en me promenant dans le bois qui borde le petit lac, un énorme sanglier, sorti de la forêt voisine, s'élance sur moi de toute la vitesse de sa course. Juge de ma frayeur, Léona, aucun espoir ne me restait pour la fuite : devant moi, un animal furieux, et, derrière, un abîme sans fond. Alors un affreux vertige domina mes sens; mes yeux se fermèrent, les eaux du lac s'entr'ouvrirent, et je disparus...... Lorsque je revins à moi, un jeune et beau cavalier me prodiguait les soins les plus tendres; sa main pressait convulsivement la mienne, et ses yeux fixaient les miens avec un indicible sentiment de bonheur; puis de sa bouche sortirent des paroles qui me parurent celles d'un ange. En ce moment, des pas se firent entendre dans cette galerie, (*elle montre la porte du fond*) : c'était le roi Henri qui partait pour la chasse... A sa vue, celui qui m'avait sauvée si miraculeusement comprit qu'il avait un rival; alors sa main abandonna la mienne, ses yeux cessèrent de regarder les miens, et il disparut sans proférer une seule parole, et sans que jamais depuis il m'ait été possible de savoir ce qu'il était devenu. — Quelques jours après j'occupais au Louvre la place que j'y ai laissée vacante, et que la petite de Nangis convoite avec tant d'ardeur.

LÉONA. Et depuis?...

LA MARQUISE.* Attends!... *(elle se lève, prête l'oreille et dit à part :)* Personne encore...

LÉONA, *se levant.* Et depuis aucun amour n'a pu vous faire oublier celui de votre inconnu?...

LA MARQUISE. Parmi les jeunes seigneurs qui entourent le roi, un seul pourrait encore adoucir l'amertume de mes regrets ; mais daignera-t-il jamais jeter les yeux sur une pauvre exilée comme moi ?...

LÉONA. Et sans doute que ce jeune seigneur a grande renommée ?...

LA MARQUISE. C'est un prince de la maison de Lorraine.

LÉONA. Le fils du Balafré ?

LA MARQUISE. Lui-même. Mais on vient : vois qui ce peut être.. *(Léona se dirige vers la porte du fond.)* N'est-ce pas M. de Chevreuse ?...

SCENE II.

LES MÊMES, CHEVREUSE.

CHEVREUSE, *entrant.* Lui-même, ma toute belle. *(il lui baise la main.)*

LA MARQUISE. Vous arrivez à propos, vicomte. *(à Léona, s'asseyant.)* Laissenous. *(Léona sort par la gauche.)*

CHEVREUSE. De qui parliez-vous donc, quand je suis entré ?

* Léona, la marquise.

LA MARQUISE. De Mgr Charles de Guise.

CHEVREUSE. Vrai démon à la guerre, amoureux passionné de toutes les femmes en temps de paix, mon meilleur ami enfin.

Air: De sommeiller encor ma chère.

C'est à l'attaque un guerrier intrépide,
C'est en amour un luron redouté;
Et comme il fut toujours de gloire avide,
Jamais obstacle ne l'a rebuté.
En assiégeant ennemis et maîtresses,
Il ne connaît ni crainte ni lenteurs:
Ainsi qu'il prend toujours les forteresses,
Il veut aussi toujours prendre les cœurs.

LA MARQUISE. Ah! vous le connaissez?..

CHEVREUSE, *montrant sa joue*. Ce coup d'épée est de lui. Au temps où nous vivions ensemble, nous avons fêté plus d'une bonne fortune.

LA MARQUISE. On prétend qu'il réunit dans sa personne toutes les qualités de ses ancêtres, et que sa figure ressemble peu à celle du Balafré.

CHEVREUSE. Erreur!...

LA MARQUISE. Que dites-vous?...

CHEVREUSE. Il est petit, laid, la démarche roturière, et n'a de princier qu'une façon assez comique de poser avec prétention son poing sur sa rapière.

LA MARQUISE. Avouez que voilà une description peu flatteuse pour l'original.

CHEVREUSE. Elle a, du moins, le mérite d'être exacte.

LA MARQUISE, *à part*. C'est ce que nous verrons bientôt. *(haut.)* Mais parlons d'autre chose... Courons-nous un chevreuil, aujourd'hui?

CHEVREUSE Impossible...

LA MARQUISE, *étonnée*. Comment?

CHEVREUSE. Ne m'avez vous pas promis hier de faire bon accueil à M. de Lansac, que je dois vous présenter ce matin?

LA MARQUISE En effet.

CHEVREUSE. Et je m'étonne qu'il ne soit pas encore arrivé.

LA MARQUISE. Ne pourrions-nous remettre sa présentation à un autre jour, à demain, par exemple?

CHEVREUSE. Règle générale, on ne doit jamais remettre au lendemain que les affaires sérieuses.

LA MARQUISE J'en conviens, mais aujourd'hui je ne suis pas disposée à recevoir.

CHEVREUSE. Ce pauvre chevalier qui vous aime à fendre le cœur, et qui est bien le gentilhomme le plus accompli...

LA MARQUISE, *l'interrompant*. Oui, comme tous ceux qui arrivent de province?

CHEVREUSE. Que dites-vous? il a déjà été présenté deux fois à la cour.

LA MARQUISE. Depuis la mort du roi, existe-t-il une cour en France?

Air de la Famille de l'apothicaire.

Des prudes, des sots, des savants
Qui de tout font secret, mystère,
Grands liseurs de pauvres romans
Et grands voyageurs de Cythère;
Par eux tout se perd à la cour,
Dans ce nouveau pays du tendre
Ils ont tant fait parler l'amour,
Qu'ils ne peuvent plus le comprendre.

CHEVREUSE, *à part*. Au fait, elle n'en est plus. *(haut)* Allons, laissez-vous tenter.

LA MARQUISE, *impatientée*. Non, décidément, non; je ne puis recevoir aujourd'hui votre protégé, vous lui ferez agréer mes excuses, vous lui direz...

CHEVREUSE, *l'interrompant*. Mon Dieu! dites-le-lui vous-même, car le voilà, ce me semble, qui se casse le cou dans votre escalier.

LA MARQUISE Alors souffrez que je me retire. *(elle remonte un peu la scène.)*

CHEVREUSE, *avec instance*. Oh! de grâce!.. demeurez..

LA MARQUISE, *avec humeur*. Mais c'est une véritable surprise.

CHEVREUSE. Voyons!.. un peu d'humanité...

Fragment de la Dame blanche.

CHEVREUSE.

Ayez pitié de sa misère,
Secourez donc un malheureux!

LA MARQUISE.

Je veux le fuir, s'il est sincère
Il est pour moi trop dangereux.

CHEVREUSE.

Mais songez donc qu'il aime avec délire,
Que son amour est un cruel martyre. *(bis)*

ENSEMBLE.

LA MARQUISE.

Je veux le fuir, s'il est sincère
Il est pour moi trop dangereux. *(bis)*

CHEVREUSE.

Ayez pitié de sa misère,
Secourez donc un malheureux. *(bis)*

SCENE III.

LES MÊMES, LE BAILLI.

LE BAILLI, *entrant, très-vivement*:* Par la sainte croix!

CHEVREUSE. Tiens! c'est ce cher bailli.

LA MARQUISE, *à part*. Je respire...

LE BAILLI, *de même*. Quel honneur pour mes vieux jours!....

CHEVREUSE. D'où sortez-vous donc, bailli?

LE BAILLI, *sans l'écouter*. Moi, qui depuis quarante ans et sous tous les gouvernements...

CHEVREUSE, *très-vite*. Les truands vous auraient-ils dévalisé?

* La marquise, Chevreuse, le bailli.

LA MARQUISE, *de même.* Les notables de l'endroit vous auraient-ils nommé marguillier de la paroisse ?

LE BAILLI. Vous n'y êtes pas.

LA MARQUISE. Qu'est-ce donc alors ?

LE BAILLI. C'est un grand évènement...

CHEVREUSE, *l'interrompant.* Sans doute quelque bonne mystification des écoliers de Montlhéri : votre perruque pendue à quelque buisson ou la poche de votre pourpoint noir coupée avec quelques mandats d'arrestation ?....

LE BAILLI. De par la sainte croix ! si pareille chose m'arrivait jamais, je ferais pendre les auteurs du délit, rien que pour leur apprendre à vivre.

LA MARQUISE. Oui, mais tout cela ne nous dit pas encore....

LE BAILLI. C'est juste..... Eh bien!..... apprenez.....

CHEVREUSE ET LA MARQUISE. Quoi, Enfin ?....

LE BAILLI, *après avoir pris une prise.* Apprenez que je vais voir un prince grand et magnanime.

LA MARQUISE, *vivement, à part.* Serait-ce le duc ?....

LE BAILLI, *continuant.* Il s'arrêtera ici et je lui improviserai un discours que j'ai préparé depuis quarante ans.

CHEVREUSE, *à part.* Il a eu le temps de l'apprendre.

LA MARQUISE, *avec impatience.* Mais le nom du prince ?

LE BAILLI. Son nom ?....

CHEVREUSE. Vous avez donc juré de ne pas nous le dire ?

LE BAILLI. Le duc Charles de Guise.

LA MARQUISE. C'est bien heureux. (*à part.*) Enfin ! ...

CHEVREUSE, *à part* Et cet imbécile de Lansac qui n'arrive pas.

Air du Charlatanisme.

LE BAILLI.

Quand j'entends prononcer son nom
Mes yeux se remplissent de larmes,
Mon cœur bat, ma tête répond,
Mon bras voudrait brandir ses armes.

CHEVREUSE.

Vrai Dieu ! le beau transport guerrier!
Dans ce moment, je vous le jure,
A ce ton, à cet air altier,
Je crois voir un chevalier :
Celui de la triste figure.

CHEVREUSE, *à la marquise,* Et vous allez le recevoir ?

LA MARQUISE. C'est un honneur que je n'aurai garde de laisser échapper; ce sera d'ailleurs le moyen le plus simple de savoir à quoi m'en tenir sur ce duc si peu flatté.

CHEVREUSE, *à part.* Et un nouveau pas de fait vers cette cour qui n'existe plus.

LA MARQUISE. Vous dites ?...

CHEVREUSE. Je dis que ce pauvre chevalier est bien à plaindre de s'être laissé prendre d'une folle passion pour vous.

LA MARQUISE. Bah ! il fera comme tant d'autres, il se consolera. Mais j'oublie que d'un instant à l'autre le duc peut arriver.

Elle agite une sonnette.

CHEVREUSE. Il se sera arrêté à Étampes pour déjeûner.

SCENE IV.

LES MÊMES, TROIS VALETS, LÉONA.

LA MARQUISE*, *au 1er valet.* Dauphiné, allez disposer les grands appartements, ceux qui donnent sur la cour d'honneur. (*au 2me valet*) Vous, descendez à l'office et veillez à ce que l'on prépare tout pour le repas que je dois donner ce soir. (*au 3me valet.*) Et vous, Germain, tenez-vous à la grille, et dès que le carrosse du duc paraîtra dans l'avenue, vous viendrez me prévenir. (*les valets s'inclinent et sortent.*) Et maintenant songeons à ma toilette. (*à Léona*) Viens, Léona. (*à Chevreuse et au bailli.*) Vous permettez, messieurs ?

CHEVREUSE. Comment donc ?....

LE BAILLI**, *à la marquise.* Moi, je cours préparer mon discours, avertir les notables....

LA MARQUISE. Oui, c'est ça, bailli, remuez l'enthousiasme, faites charger les arquebuses ; je veux que tout le monde soit heureux aujourd'hui.

LE BAILLI. J'espère que le prince sera content de moi.

Air de la valse de Jacquemin.

LE BAILLI.

Adieu, je vais où le devoir m'appelle,
Vous, monseigneur, prêtez-moi bon secours,
Au duc, ici, parlez bien de mon zèle,
Pour moi, je vais repasser mon discours.

LA MARQUISE.

Il faudra peu pour le séduire,
Il est ligueur, et je vous vois,
Vous incliner et puis lui dire :
Monseigneur, par la sainte croix !

ENSEMBLE.

CHEVREUSE ET LA MARQUISE.

Courez, bailli, le devoir vous appelle,
Espérez tout de notre bon secours,
Au duc, ici, nous dirons votre zèle,
Mais faites-lui surtout un bon discours.

LE BAILLI.

Adieu, je vais où le devoir m'appelle,
Vous, monseigneur, prêtez-moi bon secours,
Au duc, ici, parlez bien de mon zèle,
Pour moi, je vais repasser mon discours.

* Léona, la marquise, Chevreuse, le bailli.
** Léona, la marquise, le bailli, Chevreuse.

SCENE V.

CHEVREUSE, *seul.*

Diable ! voilà qui dérange nos projets... Suivez une ligne droite, ayez un plan arrêté : les coquettes fantaisies d'une femme donnent en un instant un démenti formel à toutes vos prévisions. Ah ! monseigneur de Guise, vous nous jouez là un bien méchant tour, (*il écoute.*) mais je ne me trompe pas, cette fois, c'est bien là la démarche lourde et embarrassée de notre amoureux (*apercevant Lansac.*) Et arrive donc !...

SCENE VI.

CHEVREUSE, LANSAC.

LANSAC, *entrant du fond.* Ah ! c'est toi, Chevreuse ? (*il lui tend la main.*)

CHEVREUSE. Il y a pardieu une grande heure que je t'attends ici.

LANSAC. L'entrée du village est obstruée par la foule des manants qui s'y pressent; ils m'ont sans doute pris pour quelque grand personnage qui doit s'arrêter ici, car j'ai cru un moment qu'ils ne me laisseraient plus passer.

CHEVREUSE. Enfin, te voilà.

LANSAC, *vivement.* Eh bien ! l'as-tu vue?

CHEVREUSE. Elle sort d'ici.

LANSAC. M'attend-elle ? ...

CHEVREUSE. Hélas ! non.

LANSAC. Comment ?

CHEVREUSE. Une affaire imprévue ; elle me charge de te faire agréer ses excuses.

LANSAC, *avec dépit.* Prétexte pour ne pas me recevoir.

CHEVREUSE. Cela y ressemble beaucoup.

LANSAC. Mais sa promesse ?...

CHEVREUSE. Aussi vite oubliée que donnée.

LANSAC, *avec dépit.* Mais c'est une indignité !

CHEVREUSE. Que veux-tu ? les femmes sont ainsi faites, et tu es un infortuné nigaud qui t'es laissé prendre au trébuchet comme un maladroit papillon.... Et puis, faut-il te le dire ? Elle attend quelqu'un.

LANSAC, *vivement.* Sans doute le duc de Guise.

CHEVREUSE, *riant.* C'est lui que les manants....

LANSAC, *l'interrompant.* Oui, je devine tout à présent : ce tumulte, ces cris de joie que le populaire de Montlhéri a fait éclater sur mon passage.

CHEVREUSE. C'est tout simple : ils t'ont pris pour le duc.

LANSAC, *à part.* Et moi qui croyais..... (*haut.*) Oh ! mais cela ne se passera pas ainsi...

CHEVREUSE. Au reste, tout n'est pas encore désespéré, et si nous parvenons seulement à empêcher le duc d'arriver jusqu'à la marquise.

LANSAC. Et par quels moyens ?

LE BAILLI, *dans la coulisse.* C'est affreux !... c'est abominable !...

CHEVREUSE. Laisse-moi faire... Justemnet j'entends la voix du bailli : sans doute que par lui nous saurons quelque chose.

SCENE VII.

LES MÊMES, LE BAILLI.*

LE BAILLI, *entrant en secouant ses habits.* Quelle profanation !

CHEVREUSE, *riant.* Est-ce qu'il pleut, bailli ?

LE BAILLI. Pardieu ! vous le voyez bien : ma perruque et mon meilleur pourpoint, le tout perdu sans ressource ; et monseigneur de Guise qui ne vient pas...

LANSAC, *à part, vivement.* Il serait vrai ?

CHEVREUSE. De qui tenez-vous la nouvelle ?

LE BAILLI, *secouant ses habits.* Un courrier, qui m'a mis dans l'état où vous me voyez, m'a dit, au galop de son cheval : « Le mauvais temps a retenu le duc à » Étampes, il passera de nuit à Montlhéri » et ne s'y arrêtera pas. »

CHEVREUSE, *bas à Lansac.* Il me vient une idée.

LANSAC, *de même à Chevreuse.* Quels sont tes projets ?

CHEVREUSE. Laisse-moi faire. (*à part.*) l'aventure sera plaisante.

LE BAILLI, *à part, tirant un papier de sa poche.* Un si beau discours !...

CHEVREUSE, *au bailli.* Vous dites, bailli ?

LE BAILLI, *sans l'écouter.* Moi qui depuis quarante ans...

CHEVREUSE, *à Lansac.* Il en perdra la tête. (*au bailli.*) Vous dites que le duc ?..,

LE BAILLI. Ne s'arrêtera pas ici, et je venais en prévenir la marquise.

CHEVREUSE. C'est inutile, car elle vient de monter dans son carrosse pour aller le rejoindre.

LE BAILLI, *vivement.* Elle est partie ?... Et je n'en savais rien !...

CHEVREUSE. Je m'étonne que vous n'ayez pas rencontré son équipage.

LE BAILLI. Je n'ai rien vu du tout.

CHEVREUSE, *à part.* Je le crois bien.

LE BAILLI, *très vite.* Il ne me man-

* Lansac, Chevreuse, le bailli.

quait plus que ce malheur : perdre en un jour un prince, un discours, une perruque, un pourpoint neuf, gagner une pleurésie, et faire encore une lieue à pied pour rejoindre la marquise.

CHEVREUSE. Voyons, bailli, ne vous désolez pas, (*montrant Lansac.*) monsieur vous prêtera son carrosse, (*à Lansac.*) n'est-ce pas, chevalier ?

LANSAC. Comment donc ? mais avec plaisir, (*appelant.*) Antoine ! (*à part.*) Le diable m'emporte si j'y comprends quelque chose...

CHEVREUSE, *au bailli*. Cela vous convient-il ?

LE BAILLI. Si cela me convient ?... de par la sainte croix !... (*Antoine entre.*)

LANSAC, *au domestique*. Antoine, prépare mon carrosse, et conduis M. le bailli partout où il te dira d'aller. (*Chevreuse parle bas à Antoine.*)

ANTOINE, *à Chevreuse*. Ça suffit. (*il sort.*)

CHEVREUSE. Et maintenant, bailli, que rien ne vous retient plus ici, allez où le devoir vous appelle.

LE BAILLI. J'y cours.

Fragment du final de la Savonnette.

ENSEMBLE.

LE BAILLI.

Courir à perdre haleine
Et s'enrhumer, ma foi !
C'est prendre trop de peine
Pour mon discours, je croi.

CHEVREUSE, *à Lansac.*

Pendant qu'il se promène
Espère tout de moi,
Oui, de ton inhumaine,
Je t'obtiendrai la foi.

LANSAC, *à Chevreuse.*

Pendant qu'il se promène
J'espère tout de toi,
Fléchis mon inhumaine,
Que j'obtienne sa foi.

SCENE VIII.

CHEVREUSE, LANSAC.

LANSAC. Maintenant que nous voilà débarrassés de cet imbécile de bailli, me diras-tu, enfin, le mot de l'énigme ?

CHEVREUSE. Comment ! tu n'as pas encore deviné ?

LANSAC. Non, en vérité.

CHEVREUSE. Eh bien ! cours à mon château qui n'est qu'à deux pas d'ici ; fais atteler mes meilleurs chevaux à mon carrosse de voyage, et reviens hardiment te faire annoncer sous le nom du duc Charles de Guise.

LANSAC. Ce moyen peut réussir, mais il y a bien quelque danger...

CHEVREUSE. Bah ! de l'aplomb, et tout ira bien. D'ailleurs la marquise ne t'a jamais vu ; le bailli se promène pour sa santé sur la route de Normandie ; moi je prépare ton arrivée ; tu débites ta déclaration en posant fièrement le poing sur ta rapière et en jurant par la balafre de ton père. Sutout n'oublie pas cela.

LANSAC, *singeant le duc*. Par la balafre de mon père !

CHEVREUSE. Pas mal ; seulement le coude à auteur du poignet, la tête haute ; retrousse tes moustaches... c'est cela, tu l'imites à ravir.

LANSAC. Tu crois ?

CHEVREUSE. L'effet sera merveilleux. Tu parleras avec feu de ton amour, de ton bonheur ; la marquise ne pourra résister à l'entraînement de ta passion ; et une fois sûr de posséder son cœur, tu lui diras...

LANSAC, *l'interrompant*. Oui, que lui dirai-je encore ?

CHEVREUSE. Parbleu ! tu lui diras : Je m'appelle le chevalier de Lansac.

LANSAC. Et après ?...

CHEVREUSE. Après ?... tu l'épouseras.

LANSAC. Je l'épouserai ? ..

CHEVREUSE. Ça te regarde.

Air : Partie et Revanche.

Mais d'un amour confiant et sincère,
L'hymen toujours ne fut-il pas le but ?

LANSAC.

C'est justement ce qui me désespère,
Jamais, mon cher, il ne lui survécut.

CHEVREUSE.

Eh bien ! alors, c'est un port de salut.
Quand de ta peine amour est cause,
Quand il consume et ruine ton cerveau,
Epouse donc, l'hymen n'est autre chose
Qu'un éteignoir qu'on met sur son flambleau. (*bis*)

LANSAC. Et cependant il faut que je me marie, car cette femme, ou plutôt cet ange que l'amour d'un roi a précipité du ciel ; cette femme dont je te parle sans cesse et pour laquelle je sacrifierais ma vie, cette femme... (*il remonte la scène.*)

CHEVREUSE. Mon Dieu ! tu l'aimes, c'est convenu... (*voyant Lansac qui remonte la scène.*) Eh bien ! où vas-tu donc ainsi ?

LANSAC, *à part*, si je pouvais seulement l'apercevoir.

CHEVREUSE. Ah ! çà.. mais, tu es fou, je crois.

LANSAC. Oh ! oui : d'amour.

CHEVREUSE. Allons, va ! hâte-toi !

LANSAC. Oui .. A bientôt.

CHEVREUSE. Et surtout, pas d'imprudences.

LANSAC. Sois tranquille.

Air : Allons, allons, de la philosophie. (Létorière.)

ENSEMBLE.

CHEVREUSE.

Oui, je conçois la plus douce espérance,
L'amour ici secondera tes vœux ;
En mon secours mets bien ta confiance,
Mon seul désir est que tu sois heureux.

LANSAC.

Ah! je conçois la plus douce espérance,
L'amour ici secondera mes vœux ;
En ton secours je mets ma confiance,
Puissé-je un jour lui devoir d'être heureux.

CHEVREUSE.

Soyons prudent, et, surtout, du mystère !...

LANSAC.

A t'obéir, ami, je serai prêt;
Je brave tout...

CHEVREUSE.

Mais sans gâter l'affaire :
Même en audace, il faut être discret.

(Reprise de l'ensemble. Lansac sort par le fond)

SCENE IX.

CHEVREUSE, UN PIQUEUR.

CHEVREUSE, *après le départ de Lansac.* Ce pauvre Lansac ! il en perdra la tête.

LE PIQUEUR, *entrant.* Monsieur le vicomte.

CHEVREUSE. Que me veux-tu !

LE PIQUEUR, *lui présentant un paquet de lettres* C'est votre courrier.

CHEVREUSE. Donne. *(le piqueur remet les lettres et sort. Chevreuse ouvre plusieurs lettres et les ferme aussitôt.)* Tout cela ne m'intéresse guère. *(ouvrant une dernière lettre.)* Ah ! voici qui vient de ma charmante petite cousine de Naugis. Voyons ce qu'elle m'écrit. *(lisant.)* « Mon très aimé » cousin, je bénis chaque jour le Ciel de » votre présence à Montlhéri. Vous savez » tout le bien que me veut le roi ? » *(parlé)* L'ambitieuse ! elle n'aspire à rien moins qu'à jouer le rôle de favorite de Louis XIII. *(lisant)* « Vous seul pouvez faire que » le crédit dont je jouis auprès de sa per» sonne ne subisse aucune atteinte, et vous » remplirez ce but en retenant à tout prix » la marquise de Saint-Leu éloignée de » Paris. Il m'est revenu que monseigneur » de Guise devait, à son passage à Mont» lhéri, engager l'ancienne favorite de » Henri IV à reparaître à la cour : Si un » pareil malheur nous arrivait jamais, tous » nos projets seraient renversés. Mettez » donc tout en œuvre pour qu'ils ne puis» sent avoir ensemble aucune entrevue. Si » vous réussissez, comme je l'espère, j'ob» tiendrai facilement pour vous le régiment » que vous sollicitez depuis si longtemps. » Adieu, mon cher et aimé cousin, pensez » quelquefois à moi, et n'oubliez pas que » c'est maintenant sur vous seul que repo» sent toutes mes espérances de bonheur. » *Signé :* Louise de Nangis. »

Elle a raison de trembler au nom seul de la marquise de St-Leu : Louis XIII est faible, et ne pourrait revoir, sans danger pour son cœur, l'ancienne favorite de son père. Mais jusqu'ici tout va le mieux du monde, et nous réussirons pouvu que ce diable de Lansac ne fasse pas quelque tour de sa façon. *(voyant la porte de droite s'ouvrir.)* La voici...

SCENE X.

CHEVREUSE, LA MARQUISE *en grande toilette.*

LA MARQUISE, *entrant.* Désolée de vous avoir fait attendre si longtemps.

CHEVREUSE. N'étiez-vous pas là près de moi ?

LA MARQUISE, *se regardant complaisamment.* Cette toilette vous plaît-elle ?

CHEVREUSE. On n'est pas plus jolie.

LA MARQUISE. Vous trouvez ?...

CHEVREUSE. Ce corsage vous sied à merveille, et cette coiffure est ravissante.

LA MARQUISE. Il y a bien un peu d'exagération dans tous ces compliments, mais aujourd'hui je vous pardonne la flatterie, car, vrai, je crois être bien comme cela.

CHEVREUSE. Trop bien, car le duc ne pourra résister à tant de charmes, et Lansac en mourra de dépit, de désespoir et peut-être d'amour.

LA MARQUISE. S'il en est ainsi, d'honneur, je suis fâchée qu'il m'aime. Mais ne pourriez-vous lui trouver une maîtresse qui le guérisse de sa folle passion.

CHEVREUSE. J'y avais déjà songé.

LA MARQUISE. A propos d'aventure galante, savez-vous que le chevalier de Guise vient de se faire tuer pour je ne sais quelle petite fille ou demoiselle... l'ancienne maîtresse de M. de Créqui, je crois?...

CHEVREUSE. Il faut avouer que ces Guise ont toujours aimé passionnément. Eh tenez ! le duc, qui va venir, il a bien l'âme la plus expansive...

LA MARQUISE, *étonnée.* Il me semble, au contraire, que vous m'avez dit...

CHEVREUSE, *l'interrompant.* puis d'une galanterie à laquelle il est difficile de résister.

LA MARQUISE, *étonnée.* Sans esprit, pourtant ?

CHEVREUSE. Pure calomnie.

LA MARQUISE. Comment ?...

CHEVREUSE. Il en a beaucoup.

LA MARQUISE, *vivement.* De maîtresses ?

CHEVREUSE. Mais, non, d'esprit.

LA MARQUISE, *étonnée*. Voilà qui est plaisant.

CHEVREUSE, *à part*. Je me contredis avec une admirable effronterie.

LA MARQUISE. Voyons, ne m'avez-vous pas dit, ici même, il n'y a qu'un instant, qu'il était petit, laid ?...

CHEVREUSE. Je n'en ai aucune souvenance.

LA MARQUISE, *continuant*. Ne me l'avez-vous pas dépeint comme un homme en tout point ridicule ?

CHEVREUSE. Votre mémoire vous sert mal, car il est noble et généreux....

LA MARQUISE, *l'interrompant*. Comme M. de Rosny, qui se ferait mettre au Châtelet pour un écu.

CHEVREUSE. Dites plutôt comme François Ier.

LA MARQUISE. Convenez au moins que ce portrait ne ressemble guère à celui de tout à l'heure... et le duc...

CHEVREUSE, *l'interrompant*. Vous en parliez avec tant d'enthousiasme, que j'ai craint pour vous l'effet du désenchantement.

LA MARQUISE. Grand merci !

Air du Piége.

Ainsi donc vous en convenez,
Vous me trompiez?

CHEVREUSE.

Oui, je l'avoue;
Mais à tort vous me condamnez.
Toujours pour vous je me dévoue.

LA MARQUISE.

Vraiment! J'ignore un tel secret :
Me servir par une imposture?

CHEVREUSE.

J'ai dû retoucher le portrait
Quand vous allez voir la figure.

Et puis un peu de calomnie, c'est permis en politique, et j'avais promis à ce pauvre chevalier...

LA MARQUISE, *écoutant*. Attendez !... on ouvre la grille du château.

CHEVREUSE. C'est sans doute le duc...

SCENE XI.

LES MÊMES, UN VALET, *puis* LANSAC.

LE VALET, *entrant*. Un équipage vient d'entrer dans l'avenue.

LA MARQUISE. C'est bien. Veillez à ce que tous les gens du château soient sur pied, afin qu'il soit fait à monseigneur de Lorraine une réception digne de son nom et de son rang. *(le valet s'incline et sort.— à Chevreuse.)* Venez, vicomte, courons le recevoir.

LE VALET, *rentrant*. Monseigneur le duc de Guise. *(Lansac entre.)*

LA MARQUISE, *à Lansac*. Veuillez m'excuser, monseigneur, si l'accueil que vous recevez dans ce manoir ne vous prévient pas aussi bien que vous auriez pu le désirer.

LANSAC.* Par la balafre de mon père ! serait-il prince ou duc de Rohan, mal avisé serait celui qui se plaindrait d'un pareil accueil, car je vous assure, madame, qu'il ne m'est jamais arrivé de rencontrer, dans mes voyages, aussi bon gîte et hôtesse aussi avenante.

CHEVREUSE, *à part*. Bravo !

LA MARQUISE. Je ne donne pas précisément dans le fort de votre flatterie, monseigneur, mais, si vous le permettez, nous parlerons de choses plus sérieuses, de votre gouvernement de Provence, par exemple.

LANSAC. Volontiers. *(à part)* Ça se gâte.

LA MARQUISE, *allant au sofa*. Vous en arrivez, je crois ?...

LANSAC.** En effet. *(à part.)* Que vais-je lui dire ?...

CHEVREUSE, *bas à Lansac*. Invente, dis quelque chose.

LA MARQUISE. Eh bien ! je vous écoute.

LANSAC, *embarrassé*. Ah ! pardon, c'est que je cherchais... *(ils s'asseient.)*

LA MARQUISE. C'est un si beau pays la Provence !...

LANSAC, *hésitant*. Oui, oui, le ciel y est toujours pur....

CHEVREUSE, *continuant et fixant Lansac*. Les femmes y sont toutes jolies....

LANSAC, *reprenant*. Elles aiment avec délire, avec passion....

LA MARQUISE. Et sans doute que vous ne les priverez pas longtemps du bonheur de vous posséder ?...

LANSAC. La place d'un prince, madame, est aux genoux de sa maîtresse, et, certes, si je savais vous rencontrer à la cour, je ne songerais pas de longtemps à retourner en Provence.

CHEVREUSE, *bas à Lansac*. Très bien !

LA MARQUISE. Je vois, monseigneur, que la renommée ne m'avait pas trompée sur votre compte, car votre galanterie est aussi spirituelle que vos flatteries sont aimables.

LANSAC. Que voulez-vous, madame ? j'avais si souvent entendu vanter les qualités de votre cœur et les charmes de votre personne, que je n'ai pu m'empêcher de me dire, en vous voyant si au dessus de votre réputation : Voilà la femme que j'aimerais.

* Lansac, la marquise, Chevreuse.

** La marquise, Lansac, Chevreuse.

Air de la Robe et les bottes.

De beautés à la cour, madame,
On voit un essaim florissant,
Mais en serait-il, sur mon âme !
Auprès de votre air ravissant?
Non, la cour ne saurait, sans vos grâces,
Retenir près d'elle les amours,
Car, pour s'envoler sur vos traces,
Les ingrats s'échappent toujours.

LA MARQUISE, *riant.* Et vous m'aimez sans doute déjà ?...

LANSAC, *avec passion.* Foi de catholique et de bon gentilhomme, de ce moment je suis à vous corps et âme ; prêt à le prouver envers et contre tous tant que mon cœur battra dans ma poitrine, tant que mon bras aura la force de tenir une épée, et je vous jure...

LA MARQUISE, *se levant.** Ah ! ne jurez pas, monseigneur ; mais, en attendant que je réponde aux paroles que vous venez de prononcer, veuillez accepter l'hospitalité que vous offre avec reconnaissance l'humble châtelaine de Montlhéri.

Elle agite une sonnette.

LANSAC. Que de grâces !

Il lui baise la main.

LA MARQUISE, *au valet qui entre.* Conduisez M. le duc dans ses appartements ; *(à Chevreuse.)* et vous, vicomte, n'oubliez pas l'heure du dîner.

Air : Travaillons mesdemoiselles. (la Fiancée.)

ENSEMBLE.

LA MARQUISE.

Ah ! quel plaisir ! quelle ivresse !
Je sens palpiter mon cœur,
Tout en lui de la noblesse
Me révèle la grandeur.

LANSAC.

Doux moment ! quelle allégresse !
Je sens palpiter mon cœur,
Désormais, belle maîtresse,
De toi dépend mon bonheur.

CHEVREUSE.

Ah ! pour lui quelle allégresse !
Il espère dans son cœur
Que son amour, sa tendresse,
Vaincront sa froide rigueur.

LA MARQUISE,** *à Lansac.*

A vos désirs, pour vous plaire
Je veux bien me conformer.

CHEVREUSE, *bas à Lansac.*

Tu n'as plus grand'chose à faire,
Mon cher, pour te faire aimer.

(Reprise de l'ensemble.)

LANSAC, *s'en allant, à la marquise.* Sans adieu. *(il salue Chevreuse.)*

LA MARQUISE, *au duc.* A bientôt.

(Elle entre à gauche. — Le duc sort par le fond, précédé d'un valet.)

* Lansac, la marquise, Chevreuse.
** La marquise, Lansac, Chevreuse.

SCENE XII.

CHEVREUSE *seul.*

Bravo ! ça marche, et si cela continue, j'aurai mon régiment, et ma belle cousine n'aura pas de rivale, pourvu, toutefois, que le véritable duc de Guise ne se ravise pas. Bah ! Il est peut-être en ce moment aux portes de Paris, et bien certainement il ne songe déjà plus à Montlhéri. Mais ne perdons pas de temps, allons toujours faire partir mon courrier. *(il sort à droite.)*

SCENE XIII.

LE DUC, *entrant par le fond.*

Par la balafre de mon père ! faites donc cinq lieues en une heure par une pluie battante, pour rencontrer un château désert. Vrai Dieu ! où sont donc les habitants de ce manoir ? *(regardant autour de lui.)* Si ces vieux portraits de famille parlaient, ils pourraient me tirer d'embarras, mais ils sont aussi muets dans leurs cadres dorés, que ceux qu'ils représentent, dans leurs tombeaux de marbre : Je pars incognito pour surprendre mon monde, et ne pas être obligé de faire largesse à tout ce populaire, qui s'imagine que les poches d'un pourpoint de prince sont incessamment ouvertes aux mains des manants qui se pressent sur son passage pour crier Noël! et l'étourdir de leurs arquebusades ; j'arrive, et personne pour me recevoir !... En vérité, voilà une aventure galante qui s'annonce bien !.. Dieu sait comment elle finira. Mais je ne puis cependant pas coucher à la belle étoile. *(entendant du bruit)* Ah ! enfin il me semble que j'entends quelqu'un.

SCENE XIV.

LE DUC, LANSAC.

LANSAC, *entrant, sans voir le duc.* Je l'ai donc revue cette femme dont le souvenir m'a si longtemps tenu lieu de bonheur ; j'ai pu encore entendre cette voix chérie qui résonne si délicieusement à mon oreille ; mais, hélas ! la grande dame aura-t-elle conservé au fond de son cœur les souvenirs d'amour de la jeune fille ? et si la marquise de Saint-Leu savait que je ne suis pas le véritable duc de Guise...

LE DUC, *s'approchant.* Pardon, mon gentilhomme...

LANSAC, *se retournant, très vivement.* Hein ! Que me voulez-vous ? D'où sortez-vous ? Qui vous a permis d'entrer ici sans être annoncé ?

LE DUC. Pardieu ! cela m'eût été assez difficile, car, sans vous, j'aurais quitté

Montlhéri avec la persuasion que ce manoir n'était plus habité que par des revenants.

LANSAC. Enfin ! que voulez-vous ? que demandez-vous ?

LE DUC. A être sur l'heure présenté à la maîtresse de céans, si toutefois elle est encore de ce monde.

LANSAC. Alors j'en suis fâché pour vous.

LE DUC. Qu'est-ce à dire ?

LANSAC, *continuant*. Car la marquise ne peut recevoir personne aujourd'hui : des soins à donner à sa toilette, un souper à commander, vous comprenez que le moment serait mal choisi, ainsi... (*il lui montre la porte*.)

LE DUC. Ah ! çà, mais savez-vous bien, monsieur, à qui vous avez l'honneur de parler ?

LANSAC. Sans doute à quelque solliciteur, mais, je vous le répète, la marquise ne peut vous recevoir en ce moment, ainsi veuillez vider céans au plus vite.

LE DUC, *à part*. Palsambleu ! voilà un langage auquel je ne suis pas habitué. (*haut*.) Mais qui êtes-vous donc, mon petit gentilhomme, pour oser parler ainsi à....

LANSAC, *l'interrompant*. A un indiscret que je vais faire jeter à la porte par mes gens s'il ne décampe sur l'heure.

LE DUC, *à part*. Par la balafre de mon père ! ceci devient plaisant.

LANSAC, *de même*. Si c'était le duc ?...

LE DUC. Apprenez que vous avez devant vous le duc Charles de Guise.

LANSAC. Vous ?....

Air : Un page aimait la jeune Adèle.

LE DUC.

Morbleu ! je suis, par le sang, par la gloire
Dont brille encor le nom de mes aïeux :
Charles de Guise...

LANSAC.

Fi donc ! quelle histoire !

LE DUC.

Vit-on jamais pareil audacieux ?

LANSAC.

Vit-on jamais plus étrange méprise ?

LE DUC, *d'un air menaçant et portant la main à la garde de son épée*.

Que signifie ? Expliquez-vous, sinon !...

LANSAC.

Vous ne pouvez être le duc de Guise
Puisque c'est moi qui porte ce nom !

LE DUC, *très vivement*. Par la double croix de Lorraine ! cette imposture vous sauve la vie, car je vois clairement que vous n'êtes qu'un fripon.

LANSAC. Monieur !...

LE DUC, *l'interrompant*. Et moi qui allais vous proposer de croiser le fer... Fi donc ! ce n'est pas ainsi que l'on traite les manants. (*il agite une sonnette*.)

LANSAC, *vivement*. Que faites-vous ?....

LE DUC. Vous le voyez : j'appelle à mon aide. (*il va pour sonner de nouveau*.)

LANSAC, *de même*. Arrêtez, monsieur le duc, car si je ne suis ni prince ni de la maison de Lorraine, je n'en suis pas moins noble et bon gentilhomme comme vous.

LE DUC. Alors, votre nom ?...

LANSAC. Le chevalier de Lansac.

LE DUC, *à part*. L'ami de Chevreuse.

LANSAC, *reprenant*. Et j'espère, maintenant, que le duc Charles de Guise ne refusera plus de croiser le fer avec moi.

LE DUC, *vivement*. Non, pardieu pas ! car enfin je trouve à qui parler.

Air de Vallace.

ENSEMBLE.

LE DUC.	LANSAC.
Je le sens, ma colère	Je le sens, ma colère
Saura bien le punir,	Saura bien le punir,
Et bientôt, je l'espère,	Et bientôt, je l'espère,
Il va se repentir.	Il va se repentir.
Je veux de mon épée	Corbleu ! cette équipée
Châtier l'insolent,	Prend un tour désolant,
Terminer l'équipée	Je veux de mon épée
Par un duel sanglant.	Châtier l'insolent.

LE DUC.

Un seul mot doit vous suffire :
Oui, je vous défie à mort.

LANSAC, *à part*.

A mort ? Mais c'est assez dire....
(*haut*.) Très bien ! Nous voilà d'accord.

LE DUC. Nous avons nos épées, sortons !

LANSAC. Oui, sortons !

(Reprise de l'ensemble. — Ils vont pour sortir.)

SCENE XV.

LES MÊMES, LE BAILLI.*

LE BAILLI, *entrant au fond et saisissant le duc au collet*. Cette fois je vous tiens !

LE DUC, *repoussant le bailli*. Sans doute il y a méprise ?..

LE BAILLI. Oh ! Pardon, monseigneur, (*allant à Lansac*.) C'était monsieur que je voulais appréhender au corps : Me faire courir ainsi !...

LANSAC. C'était pour votre santé.

LE BAILLI. Mais c'est un guet-à-pens !

LANSAC. Voyons, calmez-vous.

LE BAILLI, *sans l'écouter*. Et vous irez à la Bastille !

LE DUC. Pardon, dans un autre moment.

LE BAILLI. A l'instant.

LANSAC, *montrant le duc*. Vous voyez bien, bailli, que monseigneur le duc m'attend....

LE BAILLI. Le duc, dites vous ?

* Le duc, le bailli, Lansac.

LE DUC. Moi-même, estimable bailli.

LE BAILLI. Et moi qui vous avais préparé un discours...

LE DUC. Et qui vouliez m'étrangler....

LE BAILLI. S'il vous plaisait de l'entendre, monseigneur ?

LE DUC. Plus tard, plus tard, dans un autre moment.

LE BAILLI. Mais, monseigneur...

LE DUC. Tenez! suivez-nous plutôt, vous nous servirez de témoin.

LE BAILLI, *exaspéré*. Moi vous servir de témoin ?

LANSAC. Nous vous dispenserons de vous battre après.

LE BAILLI. Mais l'arrêt du parlement qui défend le duel sous peine de mort ?...

LE DUC. Je le ferai casser.

LE BAILLI. Le service de ma charge... quarante ans de zèle .. (*vivement*) Je devrais vous arrêter tous les deux.

LE DUC. Bailli, vous êtes malade. (*à Lansac.*) Venez !

LANSAC, *au bailli, qui veut le retenir*. Allez vous coucher.

Le duc et Lansac se dirigent vers le fond.

LE BAILLI, *vivement*. Que j'aille me coucher? (*les accompagnant jusqu'à la porte du fond.*) Mais, monseigneur, vous....

Il reçoit la porte sur le nez.

SCENE XVI.

LE BAILLI, *seul, descendant la scène.*

Partis ! Ils sont partis ! Je n'ai pu les retenir. Quelle honte pour mes vieux jours ! Laisser battre deux gentilshommes dont un prince de la maison de Lorraine. Mais il faut à tout prix empêcher ce malheureux duel. (*appelant.*) Quelqu'un ! quelqu'un! vite, quelqu'un !...

SCENE XVII.

LA MARQUISE, LE BAILLI, *puis* CHEVREUSE.

LA MARQUISE, *entrant vivement*. Qu'est-ce donc ? (*allant au bailli*. Ah ! C'est vous, bailli ?

LE BAILLI. Pardon, si je me suis permis..

CHEVREUSE *, *entrant*. Le feu est il au château ?

LE BAILLI. Mieux vaudrait cent fois que cela fût.

LA MARQUISE. Grand merci de votre souhait.

LE BAILLI. Si vous saviez !...

LA MARQUISE. Qu'est-ce donc, enfin ?..

CHEVREUSE. Je gage qu'on lui aura encore joué quelque méchant tour.

* La marquise, le bailli, Chevreuse.

LE BAILLI. Je suis perdu, deshonoré.

LA MARQUISE, *vivement*. Mon Dieu, expliquez-vous....

LE BAILLI, *à part, sans l'écouter*. Et dire qu'en ce moment il est peut-être déjà mort.

LA MARQUISE *et* CHEVREUSE, *ensemble*. Qui ?... le duc ?

LE BAILLI. Quelle abomination ! Moi qui depuis...

LA MARQUISE. *l'interrompant, vivement*. Mais il a donc été se battre ?

LE BAILLI. Je n'ai pu le retenir.

CHEVREUSE *et la* MARQUISE. Et avec qui ?

LE BAILLI, *à part*. Je l'ignore, mais peut-être est-il encore temps de les séparer... Courons !... (*il va vers le fond.*)

LA MARQUISE. Oui, venez, conduisez-nous, bailli.

(Ils vont tous trois pour sortir au fond.)

SCENE XVIII ET DERNIERE.

LES MÊMES, LANSAC.*

LA MARQUISE *et* CHEVREUSE, *voyant paraître Lansac*, Le duc !...

LA MARQUISE, *à Lansac*. Et votre adversaire ?

CHEVREUSE, *vivement*. Sans doute il est blessé ?...

LANSAC Moins que rien, une légère égratignure.

LE BAILLI, *à part, vivement*. Dieu soit loué !

CHEVREUSE, *à Lansac*. Et, maintenant, où l'avez-vous laissé ?

LANSAC. Sur la route de Paris.

LA MARQUISE, *à Lansac*. Ah ! Monseigneur, que de grâces j'ai à rendre au Ciel !

LE BAILLI, *à part, étonné*. C'est donc un prince aussi ?

LA MARQUISE, *au bailli, montrant Lansac*. Bailli, présentez vos hommages au duc de Guise.

LE BAILLI, *avec force*. Le duc de Guise ? trahison !...

LA MARQUISE. Qu'est-ce à dire, bailli ?..

LE BAILLI, *très vivement*. Cela veut dire que nous avons tous été joués.

LA MARQUISE, *vivement*. Expliquez-vous.

LE BAILLI, *continuant*. Car le véritable duc de Guise...

Lansac lui fait signe de ne pas parler.

LA MARQUISE. Eh bien ?...

LE BAILLI, *continuant*. Est parti pour Paris. (*il remonte la scène.*)

LA MARQUISE, *à Lansac*. Vous l'entendez, monsieur ?

LANSAC. Le bailli a dit vrai !

* Le bailli, la marquise, Lansac, Chevreuse.

LA MARQUISE. Mais, alors, qui êtes-vous donc ?...

LANSAC. Le chevalier de Lansac.

LA MARQUISE, *à Chevreuse.* Voilà un trait qui vous fait honneur, vicomte de Chevreuse !... *(elle agite une sonnette.)*

CHEVREUSE. Il est de bonne guerre.

LANSAC. De grâce, madame !..

(Entrent deux valets et Léona.)

LA MARQUISE, *lui montrant la porte du fond.* Sortez, monsieur !...

LE BAILLI, *se plaçant entre Lansac et la porte.* Je m'y oppose : La loi est formelle.

LA MARQUISE, *aux valets.* Qu'on prépare mes équipages de voyage.

LE BAILLI, *à part, descendant.** Se battre et mystifier un bailli ?...

CHEVREUSE, *à la marquise.* Et vous allez ?...

LA MARQUISE. A Paris !...

LE BAILLI, *à Lansac.* Et vous, monsieur de Lansac, à la Bastille.

ENSEMBLE.

Air : Il faut agir avec prudence. (Pré aux Clercs.)

LA MARQUISE.

De cette affreuse perfidie
Vengeons le duc et mon honneur;
Point de pitié ! sa félonie
Excite encore ma fureur.

LANSAC.

Hélas ! c'est donc ma perfidie
Qui lui cause tant de douleur;
A mon cœur, cette félonie,
Ravit à jamais le bonheur.

LE BAILLI.

Je veux de tant de perfidie
Venger le duc et mon honneur;
Point de pitié ! sa félonie
Excite encore ma fureur.

CHEVREUSE ET LÉONA.

Je crains que cette perfidie
N'entraine après elle un malheur;
Déjà, pour cette félonie,
Dans ses yeux brille la fureur.

LANSAC, *tombant aux genoux de la marquise.*
Accordez un pardon qu'à vos genoux j'implore,
Qu'un regard de pitié vienne me secourir !...

LA MARQUISE, *avec colère et mépris.*
Le pardon, la pitié, pour qui me déshonore ?...
Jamais, jamais, plutôt mourir !

Reprise de l'ensemble.

(Le bailli emmène Lansac au fond; Chevreuse implore la marquise du geste ; la marquise jette sur Chevreuse un regard courroucé. Le rideau tombe.)

FIN DU PREMIER ACTE.

* Léona, la marquise, le bailli, Lansac, Chevreuse.

ACTE DEUXIÈME.

Un salon chez la marquise de Saint-Leu, à Paris. — Dans le fond, portes ouvrant sur la salle de bal. A droite, porte conduisant aux appartements ; console avec girandoles et vases de fleurs. — Sur le premier plan, à droite, des fauteuils ; à gauche, une table avec le nécessaire pour écrire. — Au lever du rideau, des groupes de masques garnissent la scène et la salle de bal, brillamment éclairée, que les portes du fond laissent à découvert. La marquise reçoit les hommages de quelques invités.

SCENE PREMIERE.

LA MARQUISE, GROUPES DE MASQUES, *puis* LE BAILLI *et* LÉONA.

LA MARQUISE, *descendant la scène.*

Air : Doux Zéphir sois-lui fidelle. (de la Favorite.)

De ces lieux, morne tristesse,
Ne trouble en ce jour l'ivresse ;
Qu'à jouir chacun s'empresse
Et ne rêve qu'au plaisir.
Amour, si ta loi nous guide,
Sois notre appui, notre égide,
Délivre-nous du perfide,
Viens toujours nous secourir.

(Reprise de l'air avec le chœur des invités — Le bailli entre ensuite poursuivi par des masques qui l'entourent en riant.)

LE BAILLI, *aux masques.* Et moi je vous dis que je ne vous connais pas....

Les masques s'éloignent. — Léona entre par la gauche.

LA MARQUISE, *apercevant le bailli.* Bailli, vous allez parcourir les salons, et quand vous aurez découvert sous quel déguisement Louis XIII cache sa royale personne, vous lui remettrez ce billet. Mais, surtout, n'allez pas le donner à un autre.

LE BAILLI Soyez sans inquiétude. *(à part, s'en allant.)* Justement la place de grand écuyer tranchant est vacante, et par la même occasion.... *(il sort.)*

LA MARQUISE.* Maintenant que toutes mes dispositions sont bien prises pour que la liberté soit rendue à ce pauvre Lansac, je me sens plus à l'aise, Léona.

LÉONA. C'était aussi par trop cruel de lui laisser expier à la Bastille une faute que bien certainement il n'eût pas commise sans son amour pour vous.

LA MARQUISE.

Air : Je sais attacher des rubans.

Mais ne puis-je aussi, pour jamais,
Briser de son cœur l'esclavage?
Car il est à moi désormais :
Ce bienfait m'en est un présage.
Oui, si jadis le caprice d'un jour
Vint seul dicter ses vœux, sa préférence,
Je crains pour lui : souvent l'amour
Suit de près la reconnaissance.

LA MARQUISE. Et puis vois-tu, Léona, dans la disposition d'esprit où je me

* La marquise, Léona.

trouve, si je suis condamnée à reparaître à la cour, ce ne doit être qu'appuyée sur le bras d'un prince assez noble pour ne pas craindre une disgrâce, et assez riche pour me permettre d'écraser du pied mes rivales.

LÉONA. Le duc n'est-il pas votre esclave?

(Mlle de Nangis paraît au fond, masquée.)

LA MARQUISE. Puis-je compter sur la sincérité d'une affection qu'un caprice a fait naître, et qu'un caprice peut briser? Eh! tiens, hier encore, pendant que j'étais là à cette croisée, épiant son retour, n'a-t-il pas osé se montrer publiquement en carrosse avec la petite de Nangis?... Juge de ma surprise, Léona, j'étais indignée, un pareil procédé m'avait rendue furieuse; et je crois qu'en ce moment, un mot, un sourire de Louis XIII aurait suffi pour changer toutes mes résolutions... *(entendant un air de danse.)* Mais on pourrait remarquer mon absence. Viens, rentrons au bal. (Elles sortent au fond.)

SCENE II.

Mlle DE NANGIS, CHEVREUSE, *masqués.*

(Mlle de Nangis suit des yeux la marquise.)

CHEVREUSE, *entrant, à Mlle de Nangis.* Est ce vous?...

Mlle DE NANGIS, *se retournant.* Ton nom, beau cavalier?

CHEVREUSE. Chevreuse...

Mlle DE NANGIS. Une preuve?

CHEVREUSE, *lui présentant un nœud de rubans.* Cette faveur qui vient de vous.

Mlle DE NANGIS, *prenant le ruban.* Je la reconnais.

CHEVREUSE, *ôtant son masque.* Savez-vous, belle cousine, que je fais depuis une heure, pour vous rejoindre, le métier de papillon auprès de toutes les reines et déesses qui promènent ici leurs grâces?

Mlle DE NANGIS. Et moi, dans mon impatience de vous rejoindre, j'ai coudoyé, sur mon passage, plus de rois et de reines de fantaisie qu'il n'en existe de véritables sur toute la surface de la terre. *(en ce moment le duc de Guise passe au fond suivi de plusieurs groupes de masques; Mlle de Nangis le prend pour le roi, et, en le voyant, dit à part)* Ah! * *(elle saisit le bras de Chevreuse)*

CHEVREUSE. Qu'avez-vous?...

Mlle DE NANGIS, *sans l'écouter, à part.* J'en avais le pressentiment.

CHEVREUSE. Pourquoi ce trouble?...

Mlle DE NANGIS, *bas.* Le roi est ici...

CHEVREUSE. Un monarque de fantaisie, sans doute.

Mlle DE NANGIS. Point.

* Chevreuse, Mlle de Nangis.

CHEVREUSE, *continuant.* Comme ceux dont vous me parliez tout à l'heure.

Mlle DE NANGIS, *considérant le duc.* Point, vous dis-je, c'est Louis XIII en personne.

Elle ôte son masque.

CHEVREUSE. Il est donc venu incognito?

Mlle DE NANGIS. Qu'il vous suffise de savoir que si demain, à son lever, la marquise de Saint-Leu, est encore à Paris, s'en est fait de tous nos rêves d'avenir et d'ambition.

CHEVREUSE. Diable! il ne nous reste pas grand temps pour nous reconnaître.

Mlle DE NANGIS, *avec intention.* Dites-moi, Lansac est-il toujours amoureux?

CHEVREUSE. Comme un écolier de la basoche.

Mlle DE NANGIS. En êtes-vous bien sûr?

CHEVREUSE. Rien n'a pu encore le guérir de son fol amour.

Mlle DE NANGIS. Pas même les soins assidus du duc de Guise?

CHEVREUSE. La jalousie n'a fait qu'irriter sa passion.

Mlle DE NANGIS. Voilà qui me rassure.

CHEVREUSE. Quels sont vos projets?

Mlle DE NANGIS, *tirant de son sein un papier qu'elle présente à Chevreuse.* Tenez, voici un brevet en blanc, il n'y manque plus qu'un nom pour qu'il soit en règle.

CHEVREUSE, *prenant le brevet.* Je devine...

Mlle DE NANGIS. Vous remplirez ce vide quand il sera temps.

CHEVREUSE. Mais la Bastille?...

Mlle DE NANGIS. Elle s'est ouverte pour cette nuit.

CHEVREUSE, *étonné.* Il est donc ici?...

Mlle DE NANGIS. Depuis une heure.

CHEVREUSE, *à part.* Ah?...

La musique cesse dans la coulisse.

Mlle DE NANGIS. Maintenant hâtez-vous de le rejoindre pour l'entretenir des charmes de son inhumaine, moi, pendant ce temps, je m'attache aux pas de ma rivale, et pour peu qu'il reste encore au fond de son cœur une dernière pensée d'amour, je saurais bien la faire revivre en faveur de ce pauvre chevalier.

Air du Château perdu.

Je vais, ce soir, accomplir œuvre pie,
C'est d'un bon cœur, qu'en pensez-vous, cousin?

CHEVREUSE.

Non, ce n'est point de la philantropie,
Le but n'est pas d'obliger le prochain.

Mlle DE NANGIS.

Eh quoi! je vais, pour un amant en peine,
Intercéder sa déesse aujourd'hui.

CHEVREUSE, *souriant.*

Mais en voulant attendrir l'inhumaine
Vous pensez bien y gagner plus que lui.

CHEVREUSE, *après avoir lu le brevet.* Quel dommage que cette place de secrétaire d'ambassade ne puisse convenir à vous, gentille diplomate, qui savez si bien exiler ceux qui vous portent ombrage.

Mlle DE NANGIS, *riant.* Fou !... mais venez, je vais vous mettre sur ses traces.

(Ils remettent leurs masques et remontent la scène à gauche.)

SCENE III.

LES MÊMES, LE BAILLI, *puis* LE DUC.

LE BAILLI, *entrant par la droite, à part.* Si je pouvais le reconaître....

(En ce moment le duc, masqué, entre du fond et fait mine de chercher quelque chose.)

Mlle DE NANGIS, *apercevant le duc.* Le roi !..

LE BAILLI, *vivement, à part, entendant ce mot.* Le roi ?... ah ! enfin je le tiens !

CHEVREUSE, *après avoir considéré le duc.* Mais en êtes vous bien sûre ?

Mlle DE NANGIS. Attendez....

Elle considère le duc.

LE DUC, *à lui-même.* C'est bien ici qu'elle m'a dit l'avoir oublié. *(il cherche.)*

Mlle DE NANGIS. Cette taille ?...

CHEVREUSE. N'est pas celle de Louis XIII.

LE DUC, *à part.* Qu'ont-ils donc à me considérer ainsi ?

CHEVREUSE. Eh bien ?...

Mlle DE NANGIS. Non, décidément, ce n'est pas lui. *(ils sortent par le fond.)*

SCENE IV.

LE DUC, *masqué*, LE BAILLI.

LE BAILLI, *s'approchant du duc, à part.* Si j'osais, maintenant ?...

LE DUC, *voyant sortir Chevreuse et Mlle de Nangis.* Voilà deux masques dont je voudrais bien connaître les noms, ne fut-ce que pour leur donner une leçon de savoir vivre. Ah ! voici son éventail, *(il prend l'éventail sur un fauteuil et s'assied.)* dépositaire souvent infidèle des pensées les plus secrètes... Mais voyons s'il n'y a rien à mon adresse.

LE BAILLI, *abordant le duc.* Sire ?...

LE DUC, *sans l'écouter, ouvrant l'éventail.* Rien...

LE BAILLI. Sire ?...

LE DUC, *sans se retourner, avec humeur.* Que me veut cet imbécile.

LE BAILLI, *embarrassé.* Sire, je venais..

LE DUC, *reconnaisant le bailli.* Ah ! c'est vous, bailli ? Voyons, que me voulez-vous?

LE BAILLI. Sire, je venais prier votre majesté de vouloir bien recevoir ce billet.

Il lui présente un billet.

LE DUC. Un billet !... donnez !

Il prend le billet.

LE BAILLI. Ah ! sire, croyez bien...

LE DUC, *lisant.* « De même que le soleil » est... » *(au bailli)* Vous avez donc perdu la tête ?...

LE BAILLI, *cherchant dans ses papiers.* Ah ! pardon, sire, c'est un compliment que j'avais préparé pour le duc de Guise.

LE DUC, *à part.* Il était dit que je ne l'échapperais pas.

LE BAILLI, *lui donnant un autre billet.* Voici.

LE DUC, *à part.* L'écriture de la marquise... je serais curieux...

LE BAILLI, *à part.* Voici le moment de lui glisser ma demande.

LE DUC, *se retournant.* Comment ! vous êtes encore là ?...

LE BAILLI, *embarrassé.* C'est que...

LE DUC. Voyons, que me voulez-vous encore ?

LE BAILLI. Il y a quarante ans que je suis bailli de Montlhéri, et si vous vouliez me nommer vôtre grand écuyer tranchant....

LE DUC, *riant.* Eh bien ! je vous nommerai tout ce que vous voudrez ; mais, en attendant, allez toujours rendre compte à la marquise du résultat de votre mission.

LE BAILLI, *s'en allant.* Je ne fais qu'un saut jusqu'à elle. *(il sort par le fond.)*

SCENE V.

LE DUC, *seul, ôtant son masque.*

LE DUC. Enfin m'en voilà débarrassé; ce n'est pas sans peine. Mais voyons le contenu de ce billet; puisque le hasard l'a fait tomber en mon pouvoir, j'ai bien le droit.. *(il brise le cachet et lit.)* Elle sollicite la grâce de Lansac et demande la faveur d'être reçue par le roi demain à son lever, et cela sans m'en avoir rien dit ?.. L'ambitieuse! la perfide ! se jouer ainsi d'un prince aussi noble que le roi lui-même ; me vouer à la risée publique, la petite fille d'un obscur conseiller au parlement de Bretagne... se servir du duc Guise comme d'un marche-pied pour arriver au trône... quelle audace !... Ah ! madame la marquise, de l'intrigue ? dela diplomatie ?.. Eh bien ! soit ! j'accepte le défi.

Air de danse de la Favorite.

Tout par l'intrigue,
Tout par la brigue,
A la Cour
Se fait chaque jour.
Mais si l'on ruse
On ne m'abuse :
Aux détours
Je sais avoir recours.
Si la beauté me brave
Et me traite en esclave,

Je briserai l'entrave
Qui pesait sur mon cœur.
Lorsqu'à nulle autre égale
Ma couronne ducale
S'élève sans rivale,
Je dois être vainqueur.
Plus de soupirs, de peine,
D'amour brisons la chaîne,
Quand cette suzeraine,
Veut me faire obéir,
Pour s'élever, à son moindre désir.
Oui je saurai m'en affranchir.

Tout par l'intrigue, etc.

(*apercevant la marquise.*) C'est elle ! contenons-nous.

SCENE VI.

LE DUC, LA MARQUISE ET LE BAILLI, *entrant par le fond*, *puis* CHEVREUSE ET LANSAC.

LA MARQUISE, *au bailli, entrant.* Et mon billet ?...

LE BAILLI. Il l'a reçu...

LA MARQUISE. C'est bien !

Le bailli sort par la porte du fond.

LE DUC, *abordant la marquise et lui présentant son éventail.* Voilà votre éventail.

LA MARQUISE, *prenant l'éventail.* J'ai cru un moment que ce dernier menuet ne finirait pas.

LE DUC. En effet, il m'a paru d'une longueur...

LA MARQUISE, *avec intention.* Et puis, vous n'étiez pas auprès de moi.

(En ce moment, Chevreuse et Lansac, masqués, entrent par le fond et viennent écouter la conversation du duc et de la marquise.*)

LE DUC, *à part.* La perfide ! *(haut.)* de près ou de loin, ne suis-je pas toujours votre esclave ?...

LA MARQUISE. Mieux vaudrait pour mon repos, monsieur le duc, que vous fussiez déjà mon seigneur et mon maître.

LE DUC, *avec intention.* Vous croyez ?..

LA MARQUISE. C'est ma prière de tous les jours.

LE DUC, *ironiquement.* Eh bien ! continuez cette prière, et peut-être qu'un jour Dieu finira par l'exaucer.

LA MARQUISE, *avec intention.* Dieu et vous, monseigneur.

Valse de Robin des bois.

LA MARQUISE.

En vous j'ai mis mon espérance.

LE DUC, *avec affectation.*

Ah ! j'en ressens joie et bonheur,
Et votre excès de confiance,
Comme un plaisir, m'est un honneur.
(*à part.*) Sa bouche perfide m'abuse.

LA MARQUISE, *à part.*

Cette froideur me fait trembler !

*Le duc, la marquise, Chevreuse et Lansac au fond.

LE DUC, *de même.*

C'est un champ ouvert à la ruse :
Le moins adroit doit succomber.

LE DUC, *remettant son masque et offrant son bras à la marquise.* Mais, venez, on nous écoute, ne restons pas ici.

(Ils se dirigent vers la porte du fond.)

ENSEMBLE.

LA MARQUISE.

En vous je mets mon espérance,
De vous dépend tout mon bonheur,
Justifiez ma confiance
Et comblez les vœux de mon cœur.

LE DUC.

Quoi ! je serais votre espérance ?
Ah ! j'en ressens joie et bonheur,
Et votre excès de confiance,
Comme un plaisir, m'est un honneur.

(Ils sortent.)

SCENE VII.

LANSAC, CHEVREUSE.

(Ils descendent la scène après la sortie du duc et de la marquise et se démasquent.)

LANSAC. Enfer ! si je ne m'étais retenu, j'aurais arraché le masque à ce Guise insolent, et je l'aurais frappé au visage.

CHEVREUSE. Et du coup tu te serais fait décapiter en place de Grève.

LANSAC. Mais tu ne les a donc pas vus se prodiguer mille serments d'amour ?

CHEVREUSE. J'ai vu une ambitieuse et un raffiné aux prises l'un avec l'autre.

LANSAC. Elle affecte de paraître avec le duc aux promenades les plus fréquentées, aux spectacles les plus suivis ; partout enfin où elle espère être remarquée.

CHEVREUSE. Coquetterie que tout cela : l'ambition seule lui tourne la tête.

LANSAC. Mais cette comédie ne peut durer toujours ?

CHEVREUSE. C'est à toi d'en emmener le dénouement, mais écoute bien ce que je vais te dire.

LANSAC. Parle !

CHEVREUSE. Quand tous les invités vont être partis, tu feras demander un entretien particulier à la marquise.

LANSAC. Y penses-tu ? Et si elle allait me refuser ?...

CHEVREUSE. Que cette crainte ne t'arrête pas : fais ce que je te dis, et tu t'en trouveras bien.

LANSAC. Je suivrai ton conseil.

ENSEMBLE.

Valse de Strauss.

Allons, partons
Et promettons
Que du complot

Pas un seul mot
Ne sera dit :
Point de dépit.
Avant ce soir
A nous revoir.

CHEVREUSE.

Adieu, sans crainte, chez la belle,
Il faut te présenter ce soir;
Si je réussis, la cruelle
Avec bonheur doit te revoir.

(Ils reprennent l'ensemble.— Lansac sort à droite.)

La musique recommence dans la coulisse.

SCÈNE VIII.

CHEVREUSE, LE BAILLI, LE DUC *au fond du théâtre.*

LE BAILLI, *abordant Chevreuse.* Lui avez-vous parlé ?

CHEVREUSE. A qui ?

LE BAILLI. Au roi.

CHEVREUSE, *étonné.* Comment, au roi ?

LE BAILLI. Je viens de lui remettre un billet de la part de la marquise.

CHEVREUSE. Au duc ?

LE BAILLI. Et non, au roi.

CHEVREUSE. Ah ! çà, mais décidément, bailli, vous êtes plus malade que je ne croyais.

LE BAILLI. Mais, non, je me porte à merveille. *(le duc, descend la scène.)*

CHEVREUSE. Ne voyez-vous pas que celui que vous prenez pour le roi, est tout simplement le duc de Guise.

LE BAILLI, *étonné.* Mais il a pris mon billet.

SCENE IX.

LES MÊMES, LE DUC.*

LE DUC, *abordant Chevreuse.* Bon soir, Chevreuse. *(au bailli.)* Vous ne m'en voulez pas ?

LE BAILLI. Comment ! c'était vous, monseigneur ?..

LE DUC. Convenez que vous n'êtes pas heureux.

LE BAILLI. Mais le billet ?..

LE DUC. Il a été à son adresse.

LE BAILLI. Et ma place de grand écuyer tranchant ?

LE DUC. Vous l'aurez, mais, en attendant, faites-moi le plaisir d'aller vous promener.

LE BAILLI, *s'en allant.* Oh ! j'en perdrai la tête, c'est sûr... *(il sort par le fond.)*

SCENE X.

CHEVREUSE, LE DUC.

LE DUC. Cet excellent bailli, depuis qu'il a quitté Montlhéri, il bat la campagne d'une manière déplorable.

CHEVREUSE. Parlons de la marquise.

LE DUC. Je l'ai laissée au milieu d'un essaim de jeunes beautés : c'est un véritable triomphe... Il s'est passé ce soir d'excellentes scènes, je vous jure.

CHEVREUSE. Contez-nous donc ça ?

LE DUC. D'abord, quand nous sommes entrés, la vicomtesse d'Auchy, la précieuse, vous savez ?.. elle a fait une grimace, oh ! mais une grimace... qui l'a rendue fort laide. Et ce pauvre Gombaud cherchant partout la reine qu'il sait fort bien ne pas trouver.. Quelle constance ! Il y a trois mois qu'il soupire ; il a déjà fait trois volumes de sonnets, et la reine se joue de son amour et le provoque par de continuelles œillades. On dit qu'en Italie elle a fort aimé un gentilhomme qui ressemblait, à s'y méprendre, au pauvre poète. Par la balafre de mon père ! ce n'est pas moi que l'on verrait traîner une pareille chaîne.

CHEVREUSE. Pardon, monseigneur, vous connaissez le proverbe : « On ne doit ja- » mais dire : Fontaine, je ne boirai pas de » ton eau. »

LE DUC. Il n'y a que les sots ou les imbéciles qui peuvent donner gain de cause à ce proverbe. Pour moi, je ne crois pas qu'il y ait dans le monde une seule femme qui puisse se vanter de m'avoir fait soupirer aussi longtemps que ce pauvre Gombaud.

CHEVREUSE, *avec intention.* Qui sait ?..

LE DUC. J'avoue que cette fois la campagne me paraît un peu longue, et la marquise...

CHEVREUSE, *l'interrompant.* Est comme une nouvelle Capoue, où s'amollit terriblement votre courage.

LE DUC. Allons donc ! il y a à peine huit jours que je l'aime.

CHEVREUSE. Trois grands mois, mon cher duc.

LE DUC. Et que pensent de moi les muguets de la cour ?

CHEVREUSE. J'en ai entendu plusieurs ce soir qui disaient...

LE DUC, *vivement.* Voyons, que disaient-ils ?

CHEVREUSE. Oh ! rien, c'est inutile.

LE DUC. N'importe ! je veux savoir...

CHEVREUSE, *continuant.* Et puis, il ne faut pas toujours ajouter foi à ce que disent les envieux...

LE DUC. Sois tranquille, je ne donnerai que l'importance nécesaire à leurs paroles.

CHEVREUSE. Eh bien! ils disaient que c'était honte à un prince aussi grand et aussi aimable que le duc Charles de Guise, d'ê-

* Chevreuse, le duc, le bailli.

tre tombé dans les filets d'une coquette qui retarde sans cesse l'instant de sa défaite.

LE DUC, *vivement.* Je parie mille louis qu'avant vingt-quatre heures ils changeront de langage.

CHEVREUSE. Je les tiens !..

LE DUC. Soit !..

CHEVREUSE. Et je vous donne huit jours.

LE DUC, *allant à la table.* Pas une heure! *(il écrit et parle par intervalle.)* Ah ! ils disaient cela... je suis dans les fers !.. Eh bien ! morbleu ! je vais leur prouver le contraire, car je suis et veux être libre. *(il donne un billet à Chevreuse.)* Tiens, Chevreuse, tu remettras toi-même ce billet à la marquise.

On entend les dernières mesures d'une contredanse.

CHEVREUSE. Justement, voilà la contredanse qui finit.

LE DUC. Et tes louis d'or vont passer dans la poche de mon pourpoint.

CHEVREUSE. Peut-être !... la partie est encore égale.

LE DUC. Par la balafre de mon père! perdre une telle gageure, serait pour moi chose tout à fait nouvelle.

(La marquise et Mlle de Nangis paraissent au fond)

CHEVREUSE, *apercevant la marquise.* Tenez ! la voici...

SCENE XI.

LES MÊMES, LA MARQUISE ET Mlle DE NANGIS *masquée, entrant du fond.**

Mlle DE NANGIS, *à la marquise.* Mais songez donc, madame, qu'il vous aime éperdûment.

LA MARQUISE, *avec distraction.* Sans doute, j'en conviens.

Mlle DE NANGIS, *avec instance.* Eh bien ! alors, de grâce, promettez-moi...

LA MARQUISE, *avec humeur.* Mon Dieu ! je ne puis rien vous promettre.

Mlle DE NANGIS, *insistant.* Mais enfin...

LA MARQUISE, *apercevant le duc.* Pardon, madame, si je vous quitte, mais des ordres à donner, des invités à recevoir... vous comprenez que je ne m'appartiens pas... Plus tard nous reprendrons cet entretien. *(elle va au devant du duc.)*

Mlle DE NANGIS. Quand il vous plaira, madame. *(à part.)* Décidément l'ambition a étouffé dans son cœur tout autre sentiment. *(elle sort au fond. Chevreuse remonte la scène.)*

* Chevreuse, le duc; la marquise et Mlle de Nangis au fond à gauche.

SCENE XII.

CHEVREUSE *au fond du théâtre*, LE DUC ET LA MARQUISE *sur l'avant-scène.*

LE DUC, *à la marquise, voyant sortir Mlle de Nangis.* Quel est ce domino rose qui vous quitte à l'instant ?

LA MARQUISE. C'est une jeune dame qui me priait de faire entrer son frère à l'école des pages.

LE DUC, *avec un sourire d'incrédulité.* Ah !...

LA MARQUISE, *changeant de conversation.* Savez-vous, monsieur de Guise, que vous êtes peu galant ce soir ?...

LE DUC. Une maîtresse de maison se doit, avant tout, à ses invités, et, en bonne conscience, je n'avais aucun droit de les priver des charmes de votre esprit.

LA MARQUISE. N'importe ! c'est fort mal à vous de penser si peu à moi.

CHEVREUSE, *descendant la scène, à la marquise.** Le moment est mal choisi pour lancer une pareille accusation, car je vous jure, madame, que monsieur le duc s'occupait de vous.

LA MARQUISE, *d'un air de doute.* Vraiment ?...

LE DUC, *avec intention.* Ne vous l'ai-je pas dit ? De près comme de loin....

LA MARQUISE. Et puis-je savoir ?...

LE DUC. Chevreuse vous mettra au courant de nôtre conversation, car je ne puis demeurer plus longtemps, il faut que je vous quitte.

LA MARQUISE, *étonnée.* Eh quoi ! au moment où le bal commence à s'animer ?

LE DUC. Chevreuse danse admirablement, il me remplacera près de vous, *(à Chevreuse.)* n'est-ce pas, vicomte ?...

CHEVREUSE. Comment donc ? mais avec plaisir.

LA MARQUISE, *au duc.* Et quand vous reverrai-je, monsieur le duc ?

LE DUC, *s'en allant.* Je ne sais... plus tard... demain, peut-être. *(à Chevreuse.)* Sans adieu. *(à la marquise.)* Au revoir.

(Le duc sort par le fond. Chevreuse remonte la scène avec lui et descend ensuite.)

SCENE XIII.

CHEVREUSE, LA MARQUISE.

LA MARQUISE, *vivement.* Mais que lui est-il donc arrivé ?

CHEVREUSE. Aucun malheur que je sache.

* Le duc, la marquise, Chevreuse.

LA MARQUISE. Voyons, Chevreuse, dites-moi le mot de cette cruelle énigme ?...

CHEVREUSE. Je l'ignore encore, madame, mais vous le trouverez sans doute dans ce billet. *(il lui présente le billet.)*

LA MARQUISE, *vivement, prenant le billet.* Pour moi ?... *(à part.)* Oh ! mon Dieu ! que vais-je apprendre ?...

ENSEMBLE.

Fragment de Gustave.

LA MARQUISE.

Ah ! je tremble et j'hésite,
Mon cœur palpite,
Ce qui l'agite
C'est la frayeur.
Je perds tout mon courage,
Car ce message
Semble un présage
De mon malheur.

CHEVREUSE.

Elle tremble, elle hésite,
Son cœur palpite,
Ce qui l'agite
C'est la frayeur.
Je la vois sans courage;
Oui, ce message,
Est un présage
De son malheur.

(La marquise brise le cachet et lit.)

LA MARQUISE, *après avoir lu, dans le plus grand trouble.* Ah !...

CHEVREUSE, *jouant l'étonnement.* Serait-ce une rupture ?

LA MARQUISE, *avec dignité.* Qui vous a donné le droit de le penser ?

CHEVREUSE, *avec embarras.* Pardon, madame, je croyais....

LA MARQUISE, *observant Chevreuse.* Connaissez-vous le contenu de ce billet ?

CHEVREUSE. Le duc me l'a remis cacheté.... Mais vous êtes bien pâle?....

LA MARQUISE, *cherchant à se remettre.* Pâle de joie et de bonheur, sans doute, car le duc m'annonce que des mesures relatives à notre mariage le forcent à partir sur le champ pour Montlhéri....

CHEVREUSE, *à part.* Serions-nous joués?

LA MARQUISE, *avec intention.* Mais vous oubliez, vicomte, que Mlle de Nangis vous attend pour danser la nouvelle sarabande espagnole....

CHEVREUSE, *piqué.* En effet. *(à part.)* Tout ceci se complique terriblement.

LA MARQUISE, *impatientée.* Eh bien !...

CHEVREUSE, *s'en allant.* Je vous laisse, madame, je vous laisse.

(Il sort au fond. — Toutes les portes se ferment.)

SCENE XIV.

LA MARQUISE, *puis* LÉONA.

LA MARQUISE. Me voilà donc seule enfin, loin de cette foule de courtisans qui ne m'encensent aujourd'hui que pour mieux m'abandonner demain. *(serrant la lettre dans ses mains avec colère.)* Oh ! cette lettre !... cette lettre !... Charles de Guise, c'est bien infâme ce que vous avez fait là !... *(elle rouvre le billet et lit.)* « Je » suis libre et je vous rends libre. » Il a osé écrire cela ! Et c'est à moi que s'adresse un pareil outrage ; à moi la marquise de Saint-Leu ?.. N'importe ! si je dois renoncer pour toujours à mes rêves d'avenir et d'ambition, oh ! ce ne sera pas, du moins, sans avoir rendu, à ce duc si fier, outrages pour outrages !

Air : Je n'ai point vu ces bosquets de lauriers.

Eh quoi ! pourrai-je ici, sans murmurer,
Courber mon front sous cet indigne outrage,
Osais-tu donc, noble duc, l'espérer
Quand de ta foi je recevais le gage ?
Oh ! non, je dois à mon cœur attristé
De le sauver de ce mépris étrange.
Si mon orgueil l'a mérité,
Si je le dois à ma fierté,
Allons ! que ma fierté me venge ! *(bis)*

(Elle va à la table, agite la sonnette et se met ensuite à écrire. Léona paraît.)

Léona, *(elle plie la lettre.)* cette lettre au duc de Guise ; *(Léona prend la lettre.)* qu'elle lui soit remise sur le champ. Puis, quand j'agiterai cette sonnette, tu ouvriras les deux battants de cette porte. *(elle montre la porte du fond.)* Va ! hâte-toi ! *(Léona sort par le fond.)* Oh ! qu'il vienne, maintenant, qu'il vienne, et je serai vengée !...

SCENE XV.

LA MARQUISE, UN LAQUAIS *en grande livrée.*

LE LAQUAIS, *entrant.* Madame.

LA MARQUISE, *se retournant, vivement.* Eh bien ! que me voulez-vous ?

LE LAQUAIS. C'est un jeune seigneur qui demande la faveur d'un entretien particulier.

LA MARQUISE. Son nom ?...

LE LAQUAIS. Le chevalier de Lansac.

LA MARQUISE, *avec émotion.* Lui, mon Dieu ?... Oh ! c'est le Ciel qui me l'envoie !

LE LAQUAIS. Faut-il le renvoyer ?

LA MARQUISE, *très vivement.* Non, non,

qu'il vienne !... (*le laquais sort.*) S'il m'aimait encore, si mon souvenir lui était toujours cher.... Oh ! non, c'est folie de conserver cet espoir, car j'ai été sans pitié pour lui.

SCENE XVI.

LA MARQUISE, LANSAC.

LANSAC, *entrant, avec émotion*. Pardon, madame, je venais....

LA MARQUISE, *de même, à part*. Comme il paraît ému !

LANSAC. Je venais solliciter un pardon, que vous m'avez déjà refusé pour une étourderie que j'ai cruellement expiée par trois grands mois de douleurs et de regrets.

LA MARQUISE. Hélas ! si vous aviez pu lire au fond de mon âme, vous m'auriez pardonné une rigueur que je déplore....

LANSAC, *l'interrompant, vivement*. Il serait vrai ?....

LA MARQUISE, *continuant*. Mais qu'il n'était pas en mon pouvoir d'éviter.

LANSAC, *avec passion*. Oh ! alors, un mot, un seul mot d'espérance....

LA MARQUISE, *l'interrompant*. Et si je n'étais plus libre, moi ?...

LANSAC, *avec dépit* Oh ! oui, j'oubliais : vôtre suzerain et maître....

LA MARQUISE. Que vous êtes cruel !...

LANSAC. N'allez-vous pas devenir duchesse de Guise ?

LA MARQUISE. Un moment, je l'avoue, j'ai eu la fatale pensée de me rapprocher des marches du trône par une illustre alliance ; mais plus mon ambition m'avait élevée, et plus ma chute a été terrible !

LANSAC, *vivement*. Que voulez-vous dire ?... Le duc vous aurait-il abandonnée ?

LA MARQUISE. Il ne m'est plus rien, je vous jure.

LANSAC. Eh bien ! alors, qui peut encore vous retenir ?

LA MARQUISE. Un amour que la reconnaissance a fait naître autrefois dans mon cœur, et que, depuis, rien n'a pu me faire oublier.

LANSAC. *vivement*. Eh quoi ! cet homme qui vous a si miraculeusement sauvé la vie ?...

LA MARQUISE, *de même*. Le connaîtriez-vous ?

LANSAC, *avec exaltation*. Oh ! dites que vous l'aimez toujours....

LA MARQUISE. Le Ciel m'est témoin que j'ai tout fait pour effacer son souvenir de ma mémoire ; (*à part, tristement.*) et cependant....

Air : Loin de nous à t'enrichir. (de Bérat.)

LANSAC.

Il garde le souvenir
D'un amour tendre et sincère ;
En vous toujours il espère ;
Il veut toujours vous chérir.

LA MARQUISE, *étonnée*.

Mais lui seul peut de sa flamme
Me faire l'aveu si doux.

LANSAC, *amoureusement*.

Il attend un mot, madame,
Pour tomber à vos genoux....

LA MARQUISE, *avec joie*. Ciel ! vous ?...

ENSEMBLE.

LA MARQUISE.

Ah ! que mon ame est émue !
Oui, j'espère en son secours.
Le bonheur vient à sa vue :
Puisse-t-il m'aimer toujours !

LANSAC.

Ah ! que mon âme est émue !
Près de mes seules amours.
Mon cœur palpite à sa vue :
Oui, je veux l'aimer toujours.

LANSAC, *à part, avec feu*. Oh ! merci, mon Dieu, merci.

SCENE XVII.

LES MÊMES, LÉONA, *puis* LE DUC.

LÉONA, *entrant précipitamment*. Madame ! madame !

LA MARQUISE, *effrayée, vivement*. Ah !.. Eh bien ! qu'y a-t-il ?

LÉONA. C'est le duc de Guise !

LANSAC, *avec colère*. Enfer ! toujours cet homme !...

LA MARQUISE, *d'un air suppliant*. Oh ! par pitié, ne vous montrez pas !..

LANSAC, *continuant*. Et si, pour prix du dédain dont vous avez payé mon amour, je me vengeais cruellement ?

LA MARQUISE, *tristement*. Allez, vous êtes assez vengé.

LANSAC, *à part*. Que dit-elle ?...

LA MARQUISE. Mais, au nom du Ciel ! entrez dans cette chambre, (*elle montre la porte à droite.*) et vous me jugerez !

LANSAC. Je vous obéis, madame, mais songez que pas un mot ne pourra m'échapper.

(Il entre dans le cabinet. A l'instant le duc paraît

LA MARQUISE, *voyant entrer le duc* Ciel ! il était temps !...

(Sur un signe de la marquise, Léona sort)

SCENE XVIII.

LA MARQUISE, LE DUC.

LE DUC. Vous devez voir, madame, à l'empressement que j'ai mis à me rendre à vos désirs, combien je suis heureux que vous ayez été vous-même au devant d'une explication qui va, je l'espère, me faire rentrer en grâce auprès de vous.

LA MARQUISE, *montrant la lettre au duc.* Et cette lettre, monsieur le duc, auriez-vous déjà oublié son contenu ?

LE DUC. Chevreuse s'est trop hâté de vous la remettre, car je n'ai pas tardé à rougir d'avoir commis une action aussi déloyale.

LA MARQUISE. Avouez, monsieur le duc, que voilà des scrupules qui arrivent un peu tard?...

Elle s'assied près le guéridon, à droite.

LE DUC. Si vous saviez.... Il sont venus vers moi tous ces muguets de la cour....

LA MARQUISE, *l'interrompant, avec intention.* Et que vous ont-ils dit?...

LE DUC. Qu'il vous suffise de savoir qu'ils ont tendu un piége infernal à mon amour-propre ; qu'ils m'ont dicté ce billet affreux.... que vous me pardonnerez ...

LA MARQUISE, *l'interrompant.* Oh! ne l'espérez plus....

LE DUC, *étonné.* Comment? un repentir sincère, un amour sans borne....

LA MARQUISE, *l'interrompant.* Hier encore vous me teniez le même langage, et aujourd'hui....

LE DUC, *de même.* Aujourd'hui je suis prêt à vous donner des preuves de ma sincérité.

LA MARQUISE. Votre lettre m'a rendue bien incrédule, monsieur le duc!

LE DUC. Et si, pour réparer ma faute, je vous offrais la moitié de ma couronne ducale?...

LA MARQUISE, *à part, avec joie.* Ah! ..

Elle se lève.

LE DUC, *reprenant.* Si, pour vous réhabiliter entièrement aux yeux du monde, je vous faisais duchesse de Guise ?

LA MARQUISE, *à part, vivement.* Enfin !

Elle saisit la sonnette sur le guéridon.

LE DUC, *mettant un genoux en terre.* Oh! de grâce, acceptez.... Vous le voyez, madame, orgueil, fortune, honneurs je mets tout à vos pieds.

LA MARQUISE. Que pensez-vous, monsieur le duc, que dise la noblesse de France, en voyant Charles de Lorraine, duc de Guise, aux genoux de la fille du conseiller Paulet?...

LE DUC, *vivement.* Qu'importe ce qu'ils pourront dire! Accordez-moi votre main, et, après, je saurai bien leur fermer la bouche.

LA MARQUISE, *avec force.* Eh bien!... *(elle agite la sonnette.)* moi je refuse!...

(Au coup de sonnette, les trois portes du fond s'ouvrent, tous les invités paraissent et se trouvent en scène pour entendre les derniers mots de la marquise.)

SCENE XIX.

LES MÊMES, TOUS LES INVITÉS *au fond du théâtre, puis* **LANSAC, CHEVREUSE, Mlle DE NANGIS.**

LE DUC, *furieux, se relevant.* Un pareil outrage en présence de toute la cour?... C'est une infâme trahison !

LANSAC, *sortant du cabinet sur les derniers mots du duc.** Et dont je vous rendrai raison, monsieur le duc.

LE DUC, *étonné.* Et à quel titre, s'il vous plaît? ..

LANSAC, *désignant la marquise.* A celui de mari de madame.

LE DUC, *avec calme.* Fort bien, monsieur. *(il va à la table à gauche et écrit.)*

LANSAC, *bas à la marquise, lui montrant un anneau.* Reconnaissez-vous cet anneau?

LA MARQUISE, *de même, étonnée, prenant l'anneau.* Je le croyais au fond du lac.

LANSAC. N'en êtes-vous pas sortie vivante ?

LA MARQUISE, *à part.* Et j'ai pu ne pas le reconnaître!... *(haut.)* Merci à vous le plus généreux des hommes.**

LE DUC, *se levant, un papier à la main.* C'était chose convenue d'avance, je le vois. *(à Lansac.)* Mais vous n'ignorez pas, monsieur, que vous êtes ici en mon pouvoir?...

LANSAC. Je le sais.

LE DUC. Que d'un mot, si je veux, je puis vous faire rentrer à la Bastille?...

LANSAC. Je le sais encore.

LE DUC, *lui donnant le papier.* Voici l'ordre. .

LA MARQUISE, *vivement.* Arrêtez!...

LE DUC, *continuant.* Voici l'ordre de vous laisser circuler librement jusqu'à la frontière, en attendant que j'ai obtenu vôtre grâce, que madame (*il désigne la marquise.*) a déjà sollicitée pour vous.

LANSAC, *au duc.* Tant de générosité!...

LE DUC. C'est ma seule vengeance.

* Lansac au deuxième plan, la marquise, le duc.
** La marquise, Lansac, le duc.

LA MARQUISE. Bien, monsieur, le duc; voilà une action qui rachète tous vos torts.

(Chevreuse et Mlle de Nangis sortent d'un groupe d'invités et viennent prendre la droite de la scène.)

CHEVREUSE, *à Lansac.* Et un brevet qui permettra à Lansac d'aller attendre à Turin la grâce du roi.

Mlle DE NANGIS, *bas à Chevreuse.* Demain vous serez colonel.

SCENE XX ET DERNIERE.

LES MÊMES, UN VALET, *puis* LE BAILLI.

LE VALET, *annonçant.* Le bailli de Montlhéri!

LE BAILLI, *entrant un papier à la main.* Lettres patentes du roi! *

LE DUC, *prenant le pli des mains du bailli et le donnant à Lansac.* Voilà votre grâce.

Lansac reçoit le pli en s'inclinant.

LE BAILLI, *bas au duc.* Monseigneur...

LE DUC, *de même, l'interrompant.* Demain vous serez grand écuyer tranchant.

* Mlle de Nangis, Chevreuse, la marquise, Lansac, le duc, le bailli.

(Le bailli s'incline profondément pour remercier le duc qui lui fait signe de se taire.)

CHOEUR GÉNÉRAL.

Fragment de l'introduction de la Favorite.

Dans cette heureuse journée,
L'amour comble tous nos/ses vœux;
A mon/son cœur, cet hyménée,
Présage des jours heureux.

(Lansac accompagne la marquise qui descend la scène pour chanter le couplet au public)

LA MARQUISE, *au public.*

Air d'Yelva.

Puisqu'à la cour maintenant on m'oublie,
Je veux aussi l'oublier à mon tour;
L'espoir si doux des auteurs qui me lie
Seul obtiendra tous mes vœux en ce jour.
A vous, messieurs, arbitres qu'on révère,
De prononcer.... Ah! je tremble comme eux!...
Je sais combien un arrêt trop sévère,
Dicté par vous, les rendrait malheureux!
Mais en vos cœurs, messieurs, comme eux j'espère:
Daignez combler leur espoir et mes vœux.

(Reprise du chœur. Le rideau tombe.)

FIN DE LA CHATELAINE DE MONTLHÉRI.

S'adresser, pour avoir des exemplaires, à Marseille, chez l'éditeur et chez tous les libraires. — Pour la musique de la pièce, s'adresser à M. CHAUDOIN, chef d'orchestre du théâtre du Gymnase, à Marseille.

Variante et mise en scène à la page suivante.

LA CHATELAINE DE MONTLHÉRI.

VARIANTE.

Le rôle du duc de Guise pouvant écheoir aux acteurs tenant l'emploi de premier-rôle, peu habitués à la mélodie légère de l'air de la scène cinquième du deuxième acte (*Tout par l'intrigue, etc.*), nous croyons leur être agréable en imprimant le couplet que M. Genin lui substitua et qu'il composa lui-même, sur l'air facile et gracieux de *Céline*, le jour de la représentation.

Air de Céline.

Vous le voulez, belle marquise,
Eh bien! il faut vous obéir;
Mais de l'orgueil qui vous maîtrise
Le dédain doit ici vous punir.
Si près de moi tout est ruse et mystère,
Pour me défendre employons les détours :
A Charles, le Dieu de la guerre,
Peut-il refuser son secours?

MISE EN SCÈNE.

PERSONNAGES.— ROLES.— COSTUMES A LA LOUIS XIII.

LE DUC DE GUISE (32 ans). Au premier acte, costume noir, gants à la Crispin de la même couleur, feutre gris surmonté d'une plume noire, bottes poudreuses, épée de combat. — Au deuxième acte, costume de cour en velours noir, brodé en or, avec des crevés en satin blanc. Le duc porte sur ce costume un domino noir qu'il garde jusqu'à la scène dix-huitième, dans laquelle il paraît sans manteau et sans coiffure.
Rôle créé par M. GENIN, premier-rôle en tout genre.

LE VICOMTE DE CHEVREUSE (28 ans). Au premier acte, pourpoint bleu de ciel, chausses et manteau noir brodés en argent, feutre gris surmonté d'une plume blanche. — Au deuxième acte, domino noir jusqu'à la fin de la pièce.
Rôle créé par M. DORSAY, premier-rôle de vaudeville et de comédie.

LE CHEVALIER DE LANSAC (26 ans). Au premier acte, à sa première entrée, costume bleu clair brodé en argent, riche manteau noir-bleu, feutre gris surmonté d'une plume blanche. A sa deuxième entrée, lorsqu'il se présente sous le nom du duc de Guise, costume noir sans broderies. — Au deuxième acte, domino noir jusqu'à la scène seizième, où il paraît en costume de cour très-élégant.
Rôle créé par M. MARIUS, premier amoureux de vaudeville et de comédie.

LE BAILLI DE MONTLHÉRI (60 ans). Costume noir de l'époque.
Rôle créé par M. BASSAN, premier comique grime.

LA MARQUISE DE SAINT-LEU (24 ans). Au premier acte. D'abord une robe de mousseline blanche garnie de dentelles, coiffure unie; puis une élégante toilette de salon : robe de soie grise rayée et à dessins, coiffure ornée de fleurs. — Au deuxième acte, robe de velours grenat, coiffure de bal, cordelière en or.
Rôle créé par Mme PERRIER, premier rôle de vaudeville et forte jeune première de comédie et de drame.

LOUISE DE NANGIS (18 ans). Domino en satin rose, garni de dentelles.
Rôle créé par Mlle RIGAL, première amoureuse de vaudeville.

LÉONA (20 ans). Robe de mousseline blanche, fichu de blonde noire, petit tablier de moire jaune tendre.
Rôle créé par Mlle LÉVY, deuxième amoureuse de vaudeville.

DÉCORATIONS. — ACTE PREMIER.

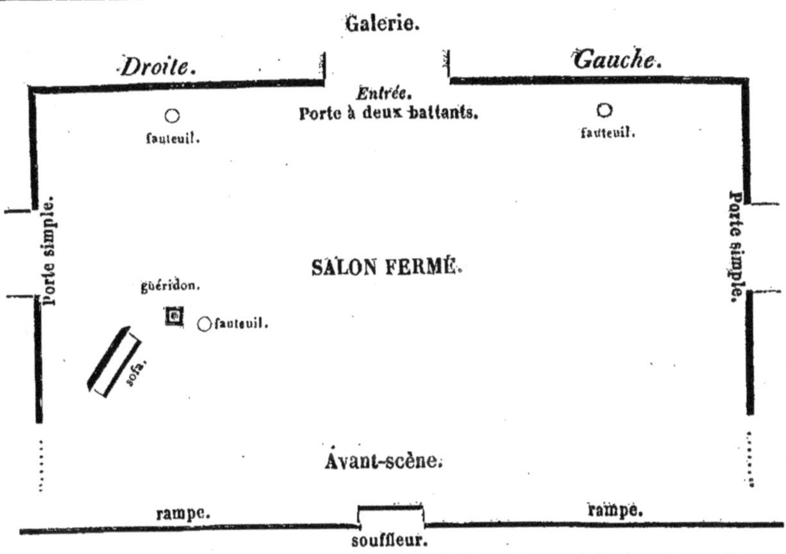

ACCESSOIRES. — Un livre sur le guéridon ; timbre de pendule dans la coulisse ; un rouleau de papier au bailli ; un paquet de lettres au piqueur.

ACTE DEUXIÈME.

FOND. FOND.

Salle de bal.

Droite. *Gauche.*

Porte. *Entrée.* *Porte.*

Toutes les portes du fond à deux battants.

4me

3me cabinet.

SALON RICHE.

croisée.

2me console.

guéridon.

table avec tapis.

1er plan.

fauteuil.

fauteuil.

Avant-scène.

rampe. rampe.

souffleur.

ACCESSOIRES. — Du papier et de l'encre sur la table et sur le guéridon ; un éventail sur le fauteuil près du guéridon ; une lettre à la marquise ; un nœud de rubans à Chevreuse ; un brevet à Mlle de Nangis ; un anneau à Lansac ; un pli cacheté au bailli.

PIÈCES EN VENTE
DU NOUVEAU MAGASIN THÉATRAL

L'Astrologue et la Reine Jeanne, drame en 5 actes.	75 c.
Hassan, drame en 5 actes.	75
Une page de la vie intime, dr. en 1 act.	50
Colibri, com.-vaud. en 1 acte.	50
La dernière nuit d'André Chénier, dr. en 1 acte et en vers.	40
Quasimodo, scène en vers.	50
La Châtelaine de Montlhéri, comédie-vaudeville en deux actes.	75

Ouvrages en vente chez SENÈS,
RUE CANEBIÈRE, 13.

LE SIÉGE DE MARSEILLE
PAR LE CONNÉTABLE DE BOURBON,

Chronique du seizième siècle, par MÉRY. — Un vol. in-8. Prix : 7 fr. 50.

L'HOTEL-DIEU,
Poème en trois chants par T. LUXEUIL, artiste du Gymnase.

VOYAGE
En Crimée, au Mont Caucase et dans l'Asie mineure
Par Jn-Ch. DE BESSE. Un fort vol. in-8 avec gravures. Prix 7 fr. 50.

LA RELIGIEUSE D'ORGON,
Poème par E. MARTIN.

OUVRAGES DE MÉDECINE.

La Vérité sur l'Homœopathie.
Réflexions critiques et Observations pratiques, par J. SOLLIER, D.-M.

ÉTUDES MÉDICALES
ou MÉMOIRE EN RÉPONSE aux accusations portées contre la doctrine médicale homœopathique,

PAR. A. CHARGÉ, D.-M.

TABLE ALPHABETIQUE des Matières composant la Statistique des Bouches-du-Rhône,
Publiée sous les auspices du Conseil général du département, par F. GUINDON. Prix 5 fr

www.ingramcontent.com/pod-product-compliance
Lightning Source LLC
Chambersburg PA
CBHW060628050426
42451CB00012B/2475

* 9 7 8 2 0 1 1 8 9 9 0 5 7 *